母と娘はなぜ対立するのか

女性をとりまく家族と社会

阿古真理

筑摩書房

目次

母娘をとりまく社会──83

装丁　わたなべひろこ（Hiroko Book Design）

声を上げる女性たち

本書は、母と娘の対立がなぜ起こるのか考えることを目的にしている。この問題が長い間日本でタブーとされてきたこと、そして今も母に屈託を抱える、あるいは憎む娘が批判されがちなことの背景には、女性が生きづらい社会の構造があるのではないだろうか。

母と娘の間で絡まった糸を解きほぐし、本当の敵がどこにいるのかを知りたい。今はそれを知って変える好機である。なぜなら今、日本と世界は、女性と男性が立ち上がり、女性への差別を解消しようと声を上げるフェミニズム・ムーブメントのただなかにあるからである。まず、そのムーブメントの現状から見ていこう。

世界に広がる〝#MeToo!〟の声

アメリカで二〇一三（平成二五）年、日本で二〇一四年に公開され、社会現象を起こした映画がある。それはディズニー・アニメの『アナと雪の女王』。松たか子が吹き替えで歌った主題歌、『レット・イット・ゴー～ありのままで』も大ヒット。自分の殻を破り、雪の女王となったエルサに感情移入した女性たちが大勢いた。もしかすると、この作品が女性たちに、差別や抑圧と闘う勇気を与えたのかもしれない。

二〇一四年頃から、メディアやインターネット上で、女性への差別や差別的表現を批判する議論が活発になったからだ。私は現在まで続いてさらに広がりを見せるその動きを、第四次フェミニズム・ムーブメントと見ている。

この年、アメリカでは『バッド・フェミニスト』（ロクサーヌ・ゲイ）、『男も女もみんなフェミニストでなきゃ』（チママンダ・ンゴズィ・アディーチエ）[注1]という二冊のフェミニズムの本が出て評判を呼んだ。日本語訳は、どちらも二〇一七（平成二九）年に出ている。

また、国連組織UNウィメン親善大使を務める俳優のエマ・ワトソンが、二〇一四年九月二〇日に国連本部で開催された国連総会でフェミニストとして「He For She」キャンペーンを発表するスピーチを行い、感動を呼んでいる。

日本では二〇一四年、『AERA』（朝日新聞出版）が男女の役割意識を問う特集を、九月一日号と一〇月六日号で組み、その中の家事に注目した記事は、現在まで続く家事論争のきっかけをつくった。

また、この年は食品のテレビCMで料理する男性が女性より多くなった転機の年でもある。[注2]家事をする夫が妻からダメ出しされるヘーベルハウスのCMが、インターネット上で論争になり炎上したのもこの年。その後も、家事や育児を描くCMが次々と炎上していく。目立つのは、女性に負担がかかることを当然のように描くことに対する批判だ。

二〇一七年には、世界を巻き込んだ#MeToo運動が始まる。発端は同年一〇月、ハリウッドの大物プロデューサー、ハーベイ・ワインスタインが数十年間くり返していたセクハラ行為と性的暴行を、『ニューヨーク・タイムズ』と『ニューヨーカー』がスクープしたことだ。以降、何十人もの俳優が実名でセクハラを告発していく。

一〇月一五日、俳優のアリッサ・ミラノが、被害を受けたことがある人たちにインターネット上で#MeTooと発信しよう、とツイッターで呼びかけたことに人気歌手のレディー・ガガらが応じ、運動は世界中に広まっていった。

その結果、アメリカではハリウッドのほか、政界やメディア、企業のトップなどの男性が次々と辞職に追い込まれた。また、『タイム』が二〇一七年度の「今年の人」にセクハラ告発者を選んだほか、二〇一八年四月に発表されたピュリツァー賞にも性暴力報道が選ばれた。

この運動を受け、ＩＬＯ（国際労働機関）は二〇一九年六月、仕事の上での暴力やハラスメントを禁止する条約を年次総会で採択した。日本政府も賛成票を投じたものの、ハラスメント行為そのものの禁止や行為があった場合に制裁を科す規定が国内法にないため、批准には時間がかかる可能性が高い。

日本でセクハラ告発が始まったのは、ハリウッドより一足早い。二〇一七年五月二九日、フリージャーナリストの伊藤詩織が、ＴＢＳ記者からレイプされた体験について自らの顔をさらして記者会見を開き告発した。そして一〇月、被害を社会を問う『Black Box』（文藝春秋）を刊行したのである。

#MeToo運動は日本の女性たちにも勇気を与えた。二〇一七年一二月にブロガー・作家のはあちゅうが、電通で働いていたときに先輩社員から受けた性被害を告発。二〇一八年四月に写真家の荒木経惟のモデルを長年務めてきたKaoRiが、荒木のセクハラを訴える。また、フォトジャーナリストの広河隆一が長年、売り込みに来た女性写真家たちをレイプしていたことを、『週刊文春』が二〇一九年一月三日・一〇日号でスクープ。ほかにも隠されていた性暴力事件が、明るみに出始めている。

最もヒートアップしたのは二〇一八年四月、財務省の福田淳一事務次官が行った女性記者へのセクハラについて、テレビ朝日が同省に抗議したと報道されたときだ。福田は辞任に追い込まれたが、麻生太郎財務大臣が被害者に名乗り出るよう求めるなど、政権側がデリカシーに欠ける対応をしたことにより、報道は過熱した。

フェミニズム・ムーブメントが広がるとき

#MeToo運動が短期間で世界中に広がったのは、インターネットを介して連帯しやすくなったからだ。しかしなぜ今、女性たちは世界中で声を上げ始めたのだろうか。

『フェミニストたちの政治史』（大嶽秀夫、東京大学出版会、二〇一七年）と『日本のフェミニズム since 1886 性の戦い編』（北原みのり責任編集、河出書房新社、二〇一七年）の「日本のフェミニズム――女性たちの運動を振り返る」（三浦まり）を参考にしながら、原因を考えてみたい。

最初のムーブメントは、イギリスやフランス、アメリカで一九世紀後半から二〇世紀初頭にかけて、日本で二〇世紀前半の大正時代から昭和初期に起こった、女性参政権を求める運動が中心にある。日本では一九世紀末〜一九二〇年代に、公娼制度を廃止しようという廃娼運動も起きた。成果が実ったのは、戦後である。

二度目は一九六〇〜七〇年代、アメリカや日本などのウーマン・リブから始まった運動である。その流れを受けて世界女性会議が開かれ、七九年の国連総会で女子差別撤廃条約が採択されて各国の法整備を促した。日本では、一九八五（昭和六〇）年に男女雇用機会均等法が公布されるなどの成果をもたらしている。

三度目は、一九八〇年代後半〜九〇年代。日本では土井たか子が日本社会党党首に選ばれて政界にマドンナ・ブームが起き、上野千鶴子や田嶋陽子などのフェミニストが脚光を浴びた。一九九六（平成八）年には法制審議会から選択的夫婦別姓制度と非嫡出子の相続分差別を撤廃することなどを求める民法改正の答申が出され、一九九九（平成一一）年には男女共同参画社会基本法が施行されている。二〇〇一（平成一三）年にはDV防止法も成立。働く女性が既婚女性の多数派を占めるようになったこともあり、社会は変わっていくように思われた。

ところが、一九九〇年代後半〜二〇〇〇年代に起こったジェンダー・バックラッシュで、運動は断絶させられる。きっかけは、一九九一（平成三）年に韓国で元慰安婦の金学順（キム・ハクスン）が名乗り出て、旧植民地の従軍慰安婦問題が浮上したこと。戦時中、日本軍兵士にセックスで奉仕させられた女性たちに対し、日本政府は謝罪を行い補償を始めた。しかし、政治家を含む歴史修正主義者たちが批判し、一九九七（平成九）年に「新しい歴史教科書をつくる会」を結成。彼らの教科書はほとんど採用されなかったが、二〇〇六（平成一八）年に中学校教科書から従軍慰安婦に関する記述が消えた。またNHK教育が二〇〇一年一月三〇日に放送した番組「戦争をどう裁くか(2)問われる戦時性暴力」に対して、自民党国会議員の安倍晋三と中川昭一らが事前に介入して改変を促したのではないか、と報道され、裁判にもなっている。

政治学者の三浦まりは『日本のフェミニズム』の中で、過去三回のムーブメントが起きた折、「女性への性暴力は常に大きなテーマだった」と指摘する。一九七〇年代の運動においては、ピル解禁を求める中ピ連の活動が目立ち、女性の「性と生殖に関する健康と権利（リプロダクティブ・ヘルス／ライツ）」も政治問題化している。

今回のムーブメントも、#MeToo運動が、新聞などのメディアが盛んにジェンダー問題を取り上げるきっかけをつくった。性という尊厳を脅かす暴力が耐えがたくなり、噴出した怒りがムーブメントの核となっているのだ。

では、怒りが女性たちを結集させる時代背景を考えてみよう。歴史をひもといてみると、フェミニズム・ムーブメントは、いつも社会構造が変化するときに起こっている。一度目のムーブメントは、近代的企業が次々とできて、資本家という新しい特権階級が出現した、産業革命から世界大戦へ至る時期に起きた。二度目は、都市部を中心に暮らしが近代化し、中流層が急拡大した高度経済成長期。三度目は専業主婦が少数派に転じ、ライフスタイルが多様化し始めた時代と重なる。バブルが崩壊し、一九九五（平成七）年には阪神・淡路大震災や地下鉄サリン事件、沖縄米兵少女暴行事件が起こっている。既存のしくみが揺らぐ時代には、女性への圧力が弱まるのだ。

今はグローバリズムの影響で、経済レベルや文化が異なる国・地域の距離が近くなって摩擦が起こり、世界が不安定化している。アメリカでは、グローバリズムに異を唱えるトランプ氏が二〇一七年に大統領に就任。イギリスはEU離脱が決まった。グローバリズムに振り回されて生活が苦しくなった庶民が、内向きで過激な政治による変化を望んだ結果だ。それは、富の過度な集中が、持たざる者の不満を大きくしていることによる。

日本では、貧困や少子高齢化などの問題が深刻なのに、長期化する安倍政権のもとで解決する兆しが見えてこない。また、二〇一一（平成二三）年に起きた東日本大震災ほか自然災害が多発し、自分の足元を見つめなおす人がふえたことも影響していると考えられる。

「わたしは、私」？

#MeToo運動は、日本の第四次フェミニズム・ムーブメントも勢いづかせた。二〇一五年九

月の国連サミットで、ＳＤＧｓ（持続可能な開発目標）が全会一致で採択。二〇三〇年までに世界のすべての人たちが接続可能で多様性を認め合う社会で暮らすための一七の国際目標を掲げた。掲げられた八つのゴールの一つとして「ジェンダー平等を実現しよう」という項目もある。

時代の追い風を受け、積極的に女性差別を記事にしている。朝日新聞は〝Dear Girls〟と題した女性問題をクローズアップするシリーズなど、積極的に女性差別を記事にしている。ＷＥＢメディアのハフィントンポストも、福田事務次官のセクハラ事件をきっかけに、女性ジャーナリストたちが二〇一八年五月につくった「メディアで働く女性ネットワーク」の設立記者会見をくわしく報道するなど、社会的につくられた性差、ジェンダーについての記事を積極的に報道している。

二〇一八年七月には東京医科大の不正入試が発覚し、ほかにも複数の医科大学や医学部で女子や浪人生を不当に低く評価し不合格としてきた問題が明るみに出た。朝日新聞は、女子学生の進学差別の問題をくり返し報道している。

二〇一九年一月、『週刊ＳＰＡ！』（扶桑社）の二〇一八年一二月二五日号の「ヤレる女子大学生ランキング」という記事が女性に失礼過ぎると炎上し、朝日新聞などで記事化された。

同月、そごう・西武が出したテレビＣＭやポスターも物議を醸した。安藤サクラの顔にパイがぶつけられ倒れる映像で、安藤が語るコピーは「女だから、無視される」などの差別を取り上げ、「活躍だ、進出だ、ともてはやされるだけの「女の時代」なら、永久に来なくていいと私たちは思う」「来るべきなのは、一人ひとりがつくる、「私の時代」だ。そうやって想像するだけで、ワクワクしませんか。わたしは、私。」とまとめる。

一見女性に寄り添いつつ、差別を受け流して自分らしく生きようと無茶を要求する。広告の主体は、女性なのか、企業なのか、それとも女性に差別をやり過ごしてほしい男性なのか。なぜ理不尽な扱いを受けたのちに、あたかもそれがなかったかのように、自分らしくワクワクしながら生きることができると思うのか。長い間セクハラやパワハラに黙って耐え、笑ってその場を収めてきた女性たちに、これまで通りがまんしろと言いたいのだろうか。

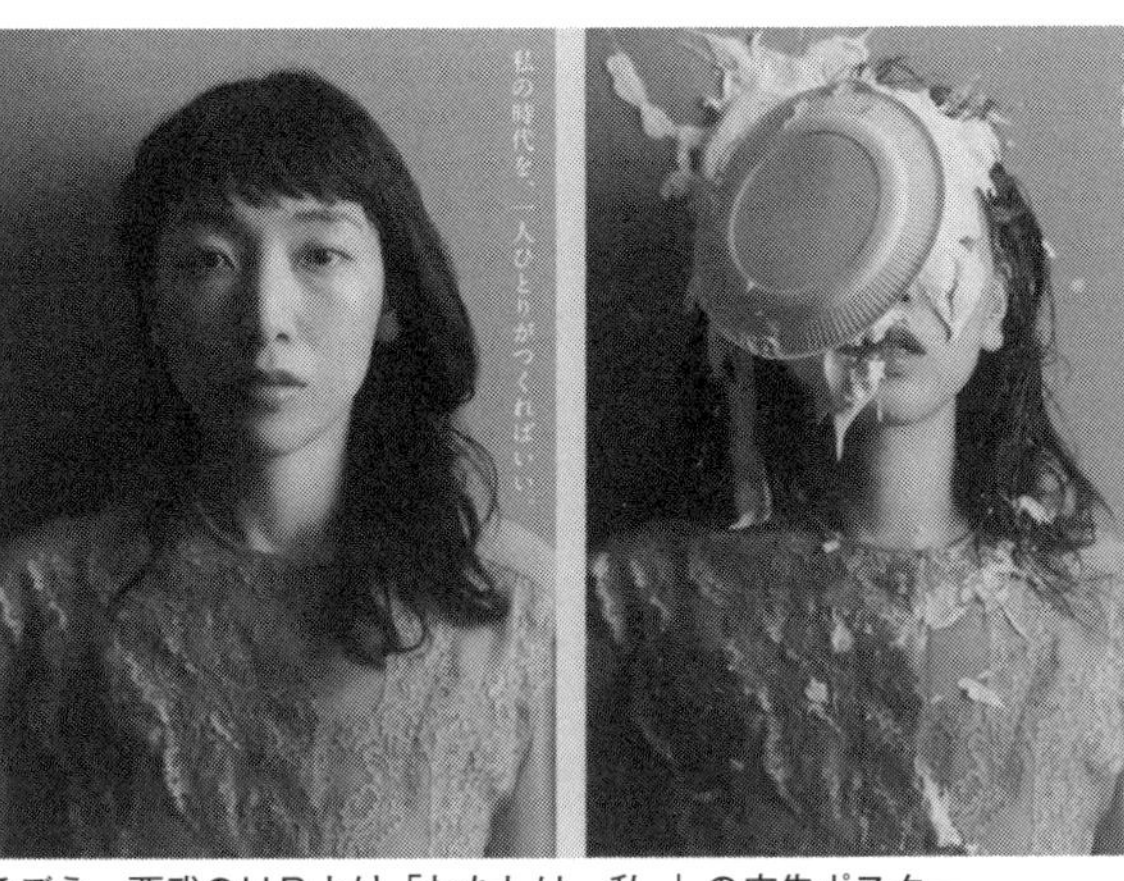

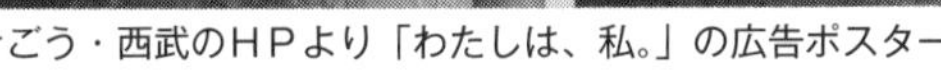
そごう・西武のHPより「わたしは、私。」の広告ポスター

　三月には、女性ファッション誌の『Domani』（小学館）が出した広告のキャッチコピー「〝ママに見えない〟が最高のほめ言葉」「働く女は、結局中身、オスである。」が炎上。こちらもそごう・西武の広告と同じく、「余計なお世話」と言いたくなる。これは母親になった女性とそうでない女性、働く女性と仕事を持たない女性を分断しようとする広告だ。「オス」という表現も、働く人は人間的でないと言っているように読める。

　デリカシーのない女性向けの二つの広告に対し、批判の声が大きくなったのは、SNS（ソーシャル・ネットワーキング・サービス）の情報拡散力に加え、メディアが多様化したことが大きい。そごう・西武は、WEBメディアのWEDGE Infinityに、『Domani』は文春オンラインに批判記事が掲載されている。

#MeToo以外の運動も活発だ。二〇一九年一月、かかとの高いパンプスやハイヒールを履くよう職場で強制されることに対して、俳優の石川優実がツイッターで声を上げ、足の「苦痛」と「靴」を掛け合わせた#KuToo運動がインターネット上で始まり、世界で注目を集めた。運動を受け、一部の企業で靴に関するルール見直しが始まっている。

同年三月には、娘に性的暴行を働いていた事件の裁判で加害者の父親が無罪になるなど、性暴力に対する無罪判決が相次ぎ、四月に東京、大阪で抗議するフラワーデモを開催。その後全国に広がり、くり返し開催されるようになった。デモには男性の参加者もいる。

男性が決定権を握る紙と電波のメディアだけの時代には、女性たちのもやもやした不満や憤り、批判をメディアが取り上げることは難しかったかもしれない。しかし、メディア業界で決定権を持つ女性がふえ、ＳＮＳとＷＥＢメディアが充実してきた結果、女性差別について議論する土壌がようやくでき、仲間を得た人々が声を上げられるようになったのである。

娘たちの叫び

燃え広がる火は、そう簡単に消えそうにない。これからも事件が発覚し、女性差別を批判する運動は続くだろう。「おとなしい」と言われがちだった日本の女性がアクティブになったのは、いつからだっただろうか。実は、フェミニズム・ムーブメントが盛り上がる前から日本で「声を上げて」いた女性たちがいた。それが、母の抑圧を訴える「娘」たちである。

きっかけは二〇〇八（平成二〇）年、専門家が母娘問題を取り上げた書籍を相次いで刊行したことだ。まず、四月に『母が重くてたまらない　墓守娘の嘆き』（春秋社）が出た。著者はアダルトチルドレン問題を手がけてきたカウンセラーの信田さよ子。五月、ひきこもり治療の第一人者で精神科医の斎藤環の『母は娘の人生を支配する　なぜ「母殺し」は難しいのか』（ＮＨＫ出版）が出た。

専門家たちの裏づけにより、長らくタブーとされてきた実母による抑圧は、公言できる問題となった。二〇一〇年代になると、ライター・漫画家の田房永子の『母がしんどい』（ＫＡＤＯＫＡＷＡ／中経出版、二〇一二年）など、当事者の娘たちが体験を告白する本が次々と登場する。問題のある親を「毒親」と呼ぶ過激なネーミングも登場して、今や実の母娘が葛藤を抱えがちな現実が常識となりつつある。

なぜ家族の問題であり、女性同士の対立である母娘問題を、フェミニズム・ムーブメントと結びつけるのか。それは、母と娘の葛藤が、女性が母親としてしか生きられないような規範や、「女らしさ」を強く求める社会と密接に結びついているからだ。しかし日本では、生まれてからずっと、場合によっては死ぬまで女性を苦しめる母娘問題が、女性差別と結びつけて語られることは少ない。

そこで、本書ではまず母と娘の関係に焦点を当て、その背景へと視野を広げていく。そうして生活のすみずみにまで及び、私たちを縛る社会構造の問題をあぶり出したい。

自分の価値を低く見積もりがちな女性は少なくない。男性の後ろに引っ込んでいないで、自分らしさを発揮する女性を、ほかの女性が批判することもある。のびのびと生きられない娘たちは、結婚や学業、仕事の選び方にも影響を受ける。

母を苦しめ、娘を犠牲にする差別は、本来なら差別解消に向けて手を携えるべき女性同士を対立させ、痛めつけ合う関係へと向かわせてきた。

しかし、四度に及ぶ女性たちのムーブメントは、少しずつ社会を動かし、女性たちの意識を大きく変えてきた。世代交代が進み、女性たちの自己評価は上がりつつある。世界的なムーブメントが起きた一九七〇年代以降に育った世代が大人になった、平成にその動きは加速した。本書後半ではその変化を、マンガや映画などの物語から読み解いていく。そうして、なぜ女性たちが声を上げられるようになったのか、そして声を上げたくなるのかを明らかにしたい。

注1　もとになったスピーチは、2012年12月に行われたTED Eastonの会議で発表したもので、TED talksで配信された。TEDは世界中の著名人による講演会を開催する団体。アディーチェは作家。

注2　朝日新聞2018年10月11日記事より。ビデオリサーチ社と大妻女子大学の田中東子准教授が行った共同研究で、食品と掃除洗濯用品のCMについて2008年から2017年まで各年8月（大掃除用品のみ12月）に放送された15秒CMについて調査。

母を知らない娘　娘がわからない母

世界経済フォーラムが毎年発表するジェンダーギャップ（男女格差）指数の報告書で、日本はいつも一四九カ国中一〇〇位以下で低迷している。二〇一八（平成三〇）年は一一〇位だった。格差が大きいのは、政治や経済の分野で活躍する女性が少ないからである。

女性の地位を上げるには、社会のしくみを変える必要がある。一番大きな問題は権力を握る人が男性に偏っていることで、男性に有利な現状を変える必要性が、認められつつある。だが、本格的な変化には時間がかかるかもしれない。社会を本当に動かしているのは、私たちの行動を縛る意識という面もあるからだ。

女性たち自身は、何に縛られているのだろうか。女性としての処世術を最初に教える師匠は母親である。しかし近年、母と娘の関係は難しいことが広く知られるようになってきた。それはもしかすると、女性たちが縛りから抜け出そうとし始めているからかもしれない。

本章では、長年母との関係に悩んできた私自身の体験を入り口に、母娘関係の問題とその背景を探る。当事者だからわかる内面にまで踏み込み、そこから私が研究してきた社会史に広げて全体像をつかみたい。

「ママハラ」＝「母親ハラスメント」とは何か

母と私の困難な関係

母と娘の関係が難しくなるのは、二人が女性だからかもしれない。女性は社会の中で安定した地位を得にくかった。そのうえこの半世紀余り、女性の価値観や生きる環境が変わり続けていることが、世代の異なる母娘の関係を複雑にしている。

世の中には、互いを認め合う仲よし母娘と、多かれ少なかれ葛藤を抱える母娘の二パターンがある。わが家は後者だった。子どもの頃から気づいてはいたが、この問題が思った以上に根が深いと思い知らされたのは、三〇歳で結婚してからである。

たとえば結婚当初、私と夫はよくケンカした。言い争いが激しくなると、私は耐えきれなくなり、「ごめんなさい！」と叫んで頭を抱え、部屋の隅で小さくなる。その必死過ぎる態度に自分自身が驚く。心をかきむしるような感じで、自分で自分を追い詰めている。

また、ことあるごとに、「私はいい子？」とたずねてしまう。まるで母から夫へと自分の所有権が移ったかのように、夫に服従しようとする。もしかすると私は、私自身の人生の主役を生きていないのではないか？

夫の言葉の真意を探ろうと、「その裏の意味は？」と聞いてしまうこともよくあった。それは両親がいつも、口で言うのとは違う本音を察するように求めてきたからだ。しかし、夫は私が言うことがわからないらしく、「裏の意味なんてない」と返される。家族に本音をそのまま言う人がいるなんて、なかなか信じられなかった。

夫の実家へ行くと、居心地が悪くてしかたがない。それは夫の両親や近くに住む義兄の家族が歓迎してくれ、私を家族の一員として受け入れてくれるからだった。子どもたちがかけ回り、義父母があたたかく見守る。まるでホームドラマの一場面のような現実が、悪い冗談としか思えなかった。その温かさに包まれると、冷え切った身体に、急に温かいお湯をかけられたみたいで動揺する。優しさと温かさに耐えきれず、滞在する間、何度も夫を誘って散歩に逃げ出した。

「子どもは産めない」

親元にいた頃は、ほかの家族を知らないから、何が問題なのかはっきりとは見えなかった。暮らしは小さなできごとの連続で、いいことも悪いこともある。母と私の関係に問題があるとは思っても、温かいご飯は出てくるし、いつも「おかえりなさい」と迎えてくれる。よそいきの洋服を母が縫ってくれた思い出もある。反抗期をとうに過ぎても、母への怒りを抱える私がおかしいのかもしれない。何しろ、物語に出てくる悪いお母さんはたいてい継母で、実のお母さんは慈悲深い人に設定されている。「悪い本当のお母さん」がいるという情報は、ずっと隠されてきた。

結婚して最初に起きた大きな問題は、子どもを産むかどうかが現実として迫ってきたとたん、恐怖がこみ上げてきたことだった。そして「ごめん、私は産めない。恐ろしくて無理」と夫に告白した。

結婚するまでは、ばくぜんと「いつかは産むだろう」と思っていた。二〇代で不正出血になって婦人科に通ったときも「妊娠できない身体だったらどうしよう」と悩んだ。就職した会社に子育て中の先輩女性がおらず、「両立は無理なのか」と考えたこともある。

でも、結婚するといきなり、産むことが歓迎される立場になる。そんな現実に直面して気がついたのだ。子育てを始めたら、自分は間違いなく虐待する。泣くから。意思の疎通がうまくいかないだろうから。わがままを言われるから。いくらでも理由を見つけて私は子どもをきつく叱るだろう。殴ってしまうかもしれない。

自分の子どもなんて憎むべき存在でしかない。それなのに、子どもは産んだら逃げられない。自分以外の人間の人生を背負うなんて責任が重すぎて無理、とほとんどパニックに近い気持ちでおびえた。

私が虐待する自分しか想像できなかったのは、母にかわいがられて大切にされた記憶がほとんどなかったからである。母親とよい関係を持てなかった人でも、負の連鎖を断ち切って子どもを大切にする親になることはできる。そうなった人もたくさんいる。でも、自分にその力があるとはとても思えなかった。

自覚していた以上に私の内面を支配していた母親の存在と、心に受けたたくさんの傷と、私は日々格闘しなければならなかった。結局私は子どもを産まなかった。自分を受け入れるために闘うのに手いっぱいで、たくさんのケアを必要とする他者まで受け入れる余裕がなかったことが最大の原因である。夫も、いやおうなくその闘いに巻き込まれた。

母に追い詰められて

私は三六歳か三七歳の頃、実家とのつき合いをやめた。夫と何度も話し合って決めた結果である。それまで夫婦ゲンカのたびに母とのゆがんだ関係が浮上し、親と連絡を取った後の私は、必ず不機嫌になることをくり返していた。私はそのたび夫に母との関係について説明した。きちんと対話する家族のもとで育った夫にとっては、私たちの関係は想像を超えていたようだが、娘の気持ちをいつも無視する母親を目の当たりにし、私と暮らすうちに少しずつ理解していった。

距離を置こうという話になったのは、ロングセラーの翻訳書、『毒になる親　一生苦しむ子供』（スーザン・フォワード著、玉置悟訳、講談社＋α文庫、二〇〇一年）を二人で読んだからだ。アルコール依存症やＤＶの親たちの実例が、なぜかとても近しく感じられ、自己中心的な親の姿が母と重なった。夫がその本を買ってきて、インターネットでも調べたうえで、「日本では親子が絶縁することは法的に不可能なので、距離を置くしかないみたいだ」と教えてくれた。

私は長年、「自分さえがまんすれば、家族はうまくいく」と耐えてきたが、このまま母とつき合い続ければ、夫婦関係も壊れてしまいかねない。娘をそばに引きつけておこうとする母と、私と一緒に生きようとする夫の間で引き裂かれるからだ。私は自分が人を殺す、あるいは殺されるといった凄惨な夢ばかりみるようになっていた。

母は、しょっちゅう電話をかけてきた。それは私が結婚して東京で暮らすようになり、関西に住む母が気軽に会えなくなったからだろう。内容はというと、ちょっとしたものの言い方などの私へのダメ出しと日常でのグチばかりで、私の近況は知ろうともしない。言いたいことばかり小一時間ほどしゃべって切った後、また何か思いついたからと電話を鳴らすので、ビクビクしてしまう。解放された後の私はひたすら疲れ、不機嫌になる。

めんどうだから、と一カ月ほど電話しないでいると「あんたは電話もかけてこない」と責められる。「この間、居なかったわね」と言うので、「旅行してたから」と話すと「なんでお母さんに言わずに行くの」とまた責められる。いつまでも、私の行動を把握しておきたいようだった。

実家に帰ると、母は「そんな胸の開いた服はみっともないから着なさんな」などと私のあらさがしをし、自分が望む完璧な姿に近づけようとやっきになる。何をツッコまれるかわからないので緊張して距離を取る。もう自分の部屋もないので逃げ場所もなく、両親と過ごす時間は息が詰まった。

やがて、仕事面での問題も重なり、私はうつを患った。本当はもっと前からおかしいと思っていたが、母との関係に向き合わされるのではないか、と怖くて病院へ行けなかった。精神科はトラウマを掘り起こす場と思い込んでいたからだ。そうしている間に歩くのも大変なほど疲れ果て、涙ばかりがこぼれて自分を責めるようになった。

ようやく通院を始めて二年ほど経った頃。母に告白したら、最初は「大丈夫よ」と言ってくれたのに、その後毎晩電話がかかってくるようになった。なぜ発病などしたのか、治って欲しいと必死な母と話している間にどんどん体調が悪くなる。

昔から、風邪などで倒れると「遊んでばっかりいるからや」と叱られた。小学生のとき、年末に膀胱炎を発症したら、「何でこんなときになるの！　トイレをがまんするからでしょ！」と怒鳴られた。病気で優しくしてもらった記憶はないのに、本当に深刻な病だったら受け入れて甘えさせてくれるのではないかと期待してしまった。しかし、母は私が病むことを許してくれない。

電話で話す最中、病状が悪化していくさまを見た夫が間に入り、直接連絡を取り合わないことを了解してもらった。ここで私たちは、決めていたことをようやく実行に移したのである。

私は母の分身なのか

母とつき合わなくていい、と決めたら、気持ちが軽くなった。まず、妹が数年前に産んでいた姪っ子たちを、急に天使のようにかわいく思えるようになった。それまでは、あの母の孫だと思うと、受け入れるのに抵抗があった。以前は、他人を怖いと思う気持ちがあったのも、嘘のように消えた。自分以外の人間を信用しない、母の影響を受けなくなったのだ。そして、ときどきだが「生きていることが楽しい」と思えるようになってきた。

その後も、母はたまに夫あてに電話してきた。東日本大震災のときは、夫が無事の一報を入れていたにもかかわらず、わざわざ明け方に私の携帯に電話をかけてきた。私がうつで苦しんでいたときに電話攻勢をかけてきたときと同じように、心配になってしまう自分を抑えきれないようだった。

心配するのは愛しているからだ、と言う人もいるだろう。しかし、それは本当に愛と言えるのか。震災のときの行動も、うつへの対応も、衝動に任せた行動で、思いやりに欠けている。こちらの都合も体調も構わず電話攻勢をかける。それは、自分自身の不安を解消したいだけではないのか。

結婚してから急にふえたダメ出しも、子育てに失敗しなかったと世間から思われたい、というエゴが勝った態度だ。母はなぜか私が大人になってから、完璧な女性を求めてしつけるようになった。しかし、母と異なる時代に違う生き方を始めた私に、指摘を受け入れることはとてもできなかった。

記憶にない赤ちゃんの頃を除けば、母と過ごした唯一の幸せな期間は、中学受験にいそしんだ小学校高学年だった。塾へ行く前のおやつを私だけ用意してもらう。塾が終わって電車に乗り、最寄りの駅に着くと母親が待っていて自転車に乗せてもらい、一緒に帰る。私一人のために夜食を用意してくれて、食べる間横についていてくれる。妹が生まれてからずっと、「お姉ちゃんだからがまんしなさい」とばかり言われるし、何を話してもたいてい聞き流されたのに、このときばかりはかまってくれるのがうれしかった。

ところが、母は必ずしも私を思って応援していたわけではなかったらしい。合格発表の日、私の受験番号を見つけた母は、狂喜乱舞し私の頭をぐちゃぐちゃにかき回してわれを忘れている。自分が合格したかのようなその態度に、「私はママの夢をかなえる身代わりだったんだ」と気づいてしまったのである。

母にとって、私は自分の分身であり、作品みたいなものらしい。よく覚えているのは、最初の本を出したときのことだ。電話してきた母は「おめでとう」の一言もなく、「あんたをあの学校へ入れたのは正しかったんだねって、今お父さんと話してたのよ！」と声を弾ませる。まるで私が本を書けたのは、私立に入れた母の決断がすべてで、その後の私の努力や経験は意味がないかのようだ。母にとって私は、自分の意志に合わせて動くあやつり人形だったのかもしれない。

「毒親」というより「ママハラ」

こんな思いや体験はしかし、特殊なものではないらしい。一〇年ほど前から、長年のタブーをぶち破るように、心理学者などによる分析本や、母との確執を告白する娘たちの手記が出版され続けている。小説やマンガ、ドラマにゆがんだ母娘関係が描かれることもふえてきた。「毒親」などという言葉も生まれている。

一方で、「母親とは愛情深く子どもを包み込むものだから、母のことを悪く言うなんて恩知らずだ」という批判も、タブーが破られる前に引き続いて世の中に多い。その人たちは、自分の母親、あるいは理想の母親像を普遍と決めつけ、苦しんでいる娘たちの気持ちを全否定する。問題にふたをして、ないことにする言葉やプレッシャーが、娘たちをさらに追い詰めてきたことに気がつかない。

自分を産んで育ててくれた母親を疎ましく思うこと、憎んでしまうことは、部外者に指摘されるまでもなく、本人が一番悲しくつらいと感じている。被害者であり、抑圧による苦しみに加え、自分を「おかしいのではないか」「ひどい人間なのではないか」と罪悪感を抱いて苦しんできたのは、当の娘たちである。

でも、娘とうまく関係を結べない母親たちも、いくぶんかは苦しいかもしれない。なぜなら彼女たちは、「子どもを聖母のように愛する母親」というキャラクターに押し込められてきたからだ。また、毒親という言葉も、理想の母とは逆の方向で、彼女たちを一つのキャラクターに閉じ込めている。

私は親の立場を決めつける「毒親」より、「ママハラ」＝「母親ハラスメント」という行動を表す言葉のほうがふさわしいと思う。この際父親は置いておく。なぜなら父親が家族を抑圧する話は、くり返し語られ世間にも受け入れられているからだ。

「ハラスメント」とは、ある人の発言や行動などが、本人の意図には関係なく、相手を不快にさせる、あるいは尊厳を傷つけ、脅威を与える、不利益を与えるようなことを指す。母親が意図していない場合も含めて娘を傷つけ、自己評価を低くさせてのびのびと生きられないようにする、人生に損害を与えてしまうという意味で、母の娘に対する抑圧とそのことが積み重なって生まれる確執は、ママハラと呼んだほうが実態に近いのではないだろうか。

程度の差はあれ、世の中にはうまくいかない親子関係があふれている。私は逃げ出せたが、逃げることもできず、苦しむ娘たちがいる。私のように逃げてもなお、罪悪感にとらわれる、批判に対して過剰に身構える人がいる。お互い愛情はあるが、対立しがちな母娘もいる。安らぎを得る場であるはずの家族が、なぜ不幸を生む場所になってしまうのか。母はなぜ娘を苦しめるのか。娘はなぜ母の愛または干渉を受け入れることができないのか。あるいは母から気持ちを無視されてしまうのか。

家族は社会の基本単位で、人が育つ基盤となる。そのことが、娘の人生にどのような影響を与えるのか。次節では、専門家たちの本を手がかりにしながら考えてみたい。

母の呪い

「遠隔操作」をする母親

長い間タブーだったママハラが広く知られるきっかけになったのは、精神科医の斎藤環によるその名もずばり『母は娘の人生を支配する　なぜ「母殺し」は難しいのか』（NHK出版）と、カウンセラーの信田さよ子による『母が重くてたまらない　墓守娘の嘆き』（春秋社）、精神科医の香山リカによる母娘関係に焦点を当てた『親子という病』（講談社現代新書）の三冊が二〇〇八年に続けざまに出たことだ。その後、せきを切ったように当事者の告白本や専門家による解説本が、出版されるようになった。

ここではまず、『母は娘の人生を支配する』を客観的に理解する手がかりとし、ママハラの何が問題なのか考えたい。

息子による父殺しは、エディプス（オイディプス）王が父を殺して母と結婚した、というギリシャ神話をはじめ、男性の書き手による数々の物語の題材になってきた。子どもの成長過程における象徴的な意味での父殺しは「避けることができない過程」だが、娘による母殺しは不可能だと同書は書く。

斎藤によれば、男性と女性の大きな違いは、身体性にある。男性らしさとされる「論理性」

「潔さ」「筋を通す」「我慢強さ」などは「ことごとく観念的、抽象的な特性」だが、女性らしさは、身なりやしぐさといった身体性に関わるものだ。それはなぜかというと、女性が「見られる性」だったからである。

「母親は娘にさまざまな形で「こうあってほしい」というイメージを押しつけます。娘はしばしば、驚くほど素直に、そのイメージを引き受けます。この点が重要です。価値観なら反発したり論理的に否定したりもできるのですが、イメージは否定できません。それに素直に従っても逆らっても、結局はイメージによる支配を受け入れてしまうことになる」から、と同書は解説する。

抽象的な概念の男らしさは、言葉で伝えられるし、教えるのは父とは限らない。しかし、身体を使った「女性らしい」身なりやしぐさを教えるには、母が手本を示すしかない。それは「きわめて個人的な内容のものにならざるをえません。それはほとんどの場合、娘を母親に身体的に同一化させよう、さらにいえば同一化によって支配しようという試みに限りなく接近するでしょう」とある。

娘が母に言われたとおりに身体を動かす、ということは母による「遠隔操作」の部分がある。私の母は、大人になってしまった私に対し、身なりや態度をチェックして従わせようとした。私が反感を覚えたのは、それが身体性の支配だったからである。

母が娘を支配してしまうのは、母親の責任の重さにも原因がある。妊娠から少なくとも幼児期まで、母親は子どもに長時間拘束される。その間に何を食べたか、何をしたかが、子どもの健康や命にまで影響する。その後も、子どもの問題は母親だけの責任、と決めつける世間の目もある。現代の母親は、子どもに対して多くの責任を負わなければならないのである。

斎藤は「この種の責任感は、子供が長じてからは期待感へと変質することが多いようです。おそらく母親がすべての起源＝過去であるという意識は、娘がすべての希望＝未来である意識へとあっさり反転してしまうのです。そう、支配的な母親の意識を構成するのは、しばしば度を越した責任感と、それと同じくらい度を越した期待感なのかもしれません」と書く。

私の母親が、わがことのように私の中学受験を応援したこと。そして、その後の私のキャリアのすべてが受験の成功の上にあり、それを支えたのは自分だと主張するのは、娘を正しく導いてやらなければならない、という責任感が母に強すぎたせいかもしれない。

厳しすぎるしつけ

しつけという名の厳しい母の支配は、私が四歳になる数カ月前、妹が生まれたときから始まった。それまで優しかった母親が、急に「お姉ちゃんなんだからがまんしなさい」「お姉ちゃんなんだから、自分でできるでしょ」と言い出したのだ。

母は、二人の子どもの世話を一人でこなしきれなかったのかもしれない。また、イヤイヤ期に入り、自分の意志で母の期待と異なる言動をするようになった娘を、抑え込むことでなんとか生活を回そうと必死だったのだと思う。しかし、幼い私は状況の変化を受け入れきれず、急に好き嫌いがふえたらしい。

四歳で母に言われて始めたピアノでも、練習で間違えるたびきつく叱られた。その頃私は、習字教室とお絵描き教室にも通っていた。お気に入りだったその二つの教室は、宿題もほとんどなかったが、特に興味がなかったピアノは、毎日家で練習する必要があった。間違えるたび、横についている母の怒声が飛ぶ。

仔馬の曲をなかなかマスターできなかったときには、わざわざ遊園地まで行って乗馬体験をさせられた。夏休みに母の田舎へ帰省した折も、「小学校の先生に頼んで、田舎にいる間もピアノが練習できるようにしておいたよ」と言い、毎日小学校へ通わされた。度を越した熱心さに「ピアニストになるわけでもないのに」と気持ちが引いた。

そもそも、私は音楽に興味がなかった。そして、才能がないこともわかっていた。学校の音楽の授業でも際立ったところは、いっさいない。それなのに、母はピアノに執着する。小学校一年生で引っ越した後も、習字とお絵描き教室は辞めさせられたのに、ピアノ教室だけは電車を乗り継いで通わされた。

母の音楽への執着は、自分と娘を同一視するところから来ていたらしい。母は子どもの頃、勉強とスポーツが得意で、育った広島県の山村で学年トップを誇ったが、唯一苦手だったのが音楽だった。祖父が村の小学校にピアノを寄付したこともあり、母はピアノを習って音楽会で伴奏した。仲よしの弟から「あそこ、間違えてたね」などと指摘されるのが、くやしかったという。また母はよく「私は音痴やねん」とも言っていた。

ほかのものが何でもできたから、ピアノが上手でなかったことを汚点と強く感じていたのかもしれない。だから、自分と同じように音楽が苦手な娘に、悔しい思いをさせたくなかったのだろう。しかし私は音楽が苦手でも別に構わなかったし、鼻歌ぐらいは好きに楽しんでいた。

母の怒声は、そのほかの場面でもよく飛んだ。もちろん、私が失敗したとき、親の言いつけを守らなかったときはしかたがない。しかし、ときどき思いもよらない場面で母がキレることがあった。

あるとき、家にたくさん客が来ていて、台所にいる母は半ばパニック状態に陥っていた。「忙しいママを手伝おう」と思った私が、テーブルにある空いた皿を何枚か重ね、運ぼうとしたところ、「あんたは何もしなくていいの!」とキレられた。

直接叱られるのではないが、怖い思いをしていたこともある。引っ越してから、両親がたびたび怒鳴り合いのケンカをするようになった。妹とおびえながら階段に腰かけ、嵐が過ぎ去るのを涙目で待っていたのを覚えている。

そういう幼少期の体験のせいか、私は人に怒鳴られるとフリーズする。ひどいときには気が遠くなる。テレビドラマを観ているときも、誰かが怒鳴る場面には耐えられず、チャンネルを変えてしまう。

虐待とマルトリートメント

度を越した怒りを子どもにぶつけたり、夫婦ゲンカを見せてしまうと、子どもの脳は傷ついてしまうらしい。スキンシップがないことや体罰や性的虐待も含めて、それらの対応を「マルトリートメント」と呼ぶことを、小児精神科医の友田明美の著書『子どもの脳を傷つける親たち』(NHK出版新書、二〇一七年)で私は知った。

私は母との間にスキンシップもなかった。同書によると、マルトリートメントとは、「虐待」という強烈な響きを持つ言葉を避け、「強者である大人から、弱者である子どもへの不適切なかかわり方」として使われる。

子どものためを思ってであっても、「子どもが傷つく行為はすべて「マルトリートメント」という説明を読むと、それはまさにハラスメントに通じる言動だと思う。どんな親でも経験があるものとも書いてある。

マルトリートメントもママハラの一部だと思われるが、どちらも一つ一つを取り上げれば、人間だから誰でもしてしまう失敗であるところがややこしい。親子の問題が共感されにくいのは、生じている確執が「誰でも覚えがある」ことの積み重ねであることが多いからだろう。それが多いか少ないか、謝る、抱きしめるといったフォローがあるかないかが、関係のその後を決めるのかもしれない。

同書によると、「子ども時代に愛され、褒められる経験が少なかった人たちは、自己肯定感や自立をつかさどる機能がうまくはたらかず、抑うつ状態になったり、自傷行為を繰り返すこともあります」とある。

胸を突かれたのは「小さいころから「しつけ」と称したマルトリートメントを受けてきた子どもは、過酷な環境下で生きぬくために、いかに親の言動が理不尽であっても、ご機嫌をうかがって、彼らの考え方や価値観を肯定し、受け入れようとします。極端な場合、殴られなかったら感謝をするというような歪んだ感情を持つようになります」というくだりだ。それは、まさに親の期待に応えようと心を砕き続けた私のことだったからだ。

親の言動が子どもにとって深い意味を持ってしまうのは、その人が自分を守ってくれる最初の人で、自分がその人の保護下で生かされていることを自覚しているからだ。子どもにとって、最大の基準は親である。しかもその人は、自分という人間をこの世に送り出してくれた人だ。扱いが不適切であろうと、愛情を込めたものであろうと、子どもは守ってくれるその人を無条件に愛する。虐待された子どもが、それでも親を求めるのは、その人がかけがえのない自分の親だからである。

愛がわからない

自分が不適切な扱いを多く受けながら育ったと自覚してみると、母の言動が与えた影響をより深く理解できる。母は、私の話をきちんと聞いてくれたことがなかった。「〇〇したい」「〇〇が欲しい」という私の頼みは、母がもともと考えていたことだけが通った。まず拒絶する、というのが母のやり方だったため、私は子どもというのは、何事もきちんと受け止めてはもらえないものだと思っていた。そして早く、やりたいことを実現できる大人になりたい、と切実に願った。

そして、私は人を愛するというのは、届かない思いを必死で伝えようとすることだと思い込んでいた。私は、まるでその気がない相手にばかり片思いする青春時代を送った。応えてくれない相手をなかなかあきらめられなかったのは、母と私の関係がそのようなものであったからだ、と気がついたのは最近のことだ。

私の片思いは本当に独りずもうだった。好きな人を見かけたり、話ができればそれがうれしくて日記に書きつける。友だちに話す。苦しくなったときも日記に書くか友だちに話す。ときどきシャワーを浴びながら涙を流す。

私に思いを寄せてくれる男の子もいたが、私のことを好きな男の子なんて眼中になかった。それに今から思えば好きな相手に対しても、ガードを固くして近づいていたように思う。応えてくれるなんてハナから期待していないし、近寄ってこられたら拒絶したのではないか。自傷行為みたいな片思いばかりしたおかげでトラウマになってしまい、ドラマで切ない片思いが描かれている場面があると、苦しくなってテレビを消してしまう。

それは愛される実感を知らないからだった。自分が愛されるに足る人間だと思えなかったので、無意識のうちに愛を拒んでいたのである。

写真を撮られるのも、基本的に苦手である。写った自分の顔も嫌だ。そんなルックスのコンプレックスの原因も、母にある。

小学校半ばぐらいの頃だったと思う。大河ドラマか何かの時代劇で、大竹しのぶが控えめに笑うキュートな女性を演じていた。その笑顔がすてきだと母に言ったところ、珍しくまじめに向かい合ってくれる。「笑顔は大切だよ。あんたは顔がかわいくないんだから、せめて笑顔がすてきな子になりなさい」と言うので、大きなショックを受けた。

その後いろいろな人に会い、中には「かわいい」「きれい」と、ほめてくれる人もいた。でも、心のどこかで自分は美人じゃないしかわいくもないはずだ、という思いがぬぐえない。カメラを向けられるとすぐ顔がこわばってしまうし、できあがった写真でもあら探しをしてしまう。最初のうちしょっちゅう私にカメラを向けていた夫も、そのうち撮るのをやめてしまった。

母親の評価は、子どもの心に大きな影響を与える。「あんたはかわいくない」という言葉は、呪いとなって私を縛り続けている。私がよく「そっくり」と周りから言われた母にとって、「かわいくない」という言葉は、自分自身に向けたものだったのだと今は思う。

母は「私はきょうだいの中で一番ブスやねん」と言っていた。祖母は若い頃美人だったらしい。幼い母を抱いて写真館で撮った記念写真を見せてもらったことがあるが、確かにその人は切れ長の目をした美人だった。「一番ブス」というのは、姉たちの誰かから言われたことらしい。姉から呪われた母は、同じことを娘にしてしまったのである。

低すぎる自己評価が招いたこと

ママハラは、私の人格形成にも大きな影響を与えた。たとえば、キレられるのが怖いので、私は常に母の機嫌をうかがい、期待に応えるいい子になろうと努めるようになった。母親が何を望んでいるのか、一生懸命察して行動する。それでも読み切れないときは、叱られる。あるいはわずらわしそうな顔をされる。喜ばせようと思ってやったことでも、ほめられることはなかった。相性も悪かったのかもしれない。

母親との関係は、人間関係の土台になる。私は気がつけば、人が望むことに従おうとするクセがついていた。特にそれは年長者や仕事相手など、こちらが気をつかうべき相手のときに顕著になった。

低過ぎる自己評価はやがて、大きなトラブルを招き寄せた。まだ二冊しか自著の実績がなかった頃のこと。本を出せると言われて書いていたのに、いつまで経っても刊行時期が決まらない原稿があった。こちらから編集者の携帯電話にかけてもすぐ出てくれたことはなく、なぜか必ず折り返して連絡してくる。打ち合わせでは建設的な話が出ない。印刷前の原稿を確認する校正の回数が多過ぎる。いくつもおかしいと思い当たるフシはあったのだが、「出していただけるのなら」と、ひたすらがまんしていた。

その編集者には三年も振り回された。抑圧的な体験でますます自己評価は下がった。何しろ私は知名度もなく、本がとてもよく売れた経験もなく、新しい本が売れる保証もない。そんな私の本を出していただけるなんて感謝しなければ。すっかり卑屈になっていた私は、ある日突然、メールで「本が出せないことになりました」と連絡を受ける。ショックを受けて夫に相談し、一緒にその男性と会った。夫が数時間かけて問い詰め、そもそも企画自体が通っていなかったという事実を聞き出す。

会社に問い合わせても、関知していないの一点張りで、一時は裁判まで考えた。しかし相談した弁護士から、謝罪を引き出すことはできないし弱者の私たちが出版社に勝つことは難しいだろうと言われた。また、裁判をする過程でうつが悪化してまた寝込んでしまう懸念も大きく、訴訟は断念した。うつが慢性化した一因はその事件にもあると思う。

出版が不可能と言われた直後、ベテランの男性と年下の女性の、二人の編集者が私を支えてくれた。女性は連絡するとすぐに会ってくれ、「何もできないけど」と言いながら話を聞いてくれた。男性は別件で数日後に会った折「なんてひどい！　許されないことだ！」と怒ってくれた。二人が心から私を心配し味方になってくれる様子を見て、私は初めて自分が生きる価値のある人間だと実感できた。人にだまされどん底に落ちたことで、私はようやく味方の存在に気がつき、母の呪いを解いて、自分の人生をしっかりと手中に入れたのである。

母親は、なぜ娘に「女子力」を身に着けさせるのか

重すぎる母親の責任

私の母はなぜ、ママハラをくり返したのだろうか。社会的な側面から考えると、それは、社会における女性の地位に問題があることが大きい。

娘が男性から選ばれて結婚できるようにすることが母親の大きな使命となったのは、母親が経験上、娘が自活できる可能性が低いと考えるからだ。そして男性は自立心旺盛な女性を敬遠するのではないか、と思うからである。男性に気に入られる女性に育てようと母親が必死になり、結果として娘を支配してしまうことは、男女が対等なら起こらない問題ではないだろうか。

母親は、自分の経験から娘を男性に受け入れてもらえる「女らしい」人間として育てようとするので、娘がのびのび育つのを認めることが難しい。自己主張しない、人の後ろに控えておとなしくする、家事や人の世話を率先して行う。昭和時代に求められていた「女らしさ」の多くは、男性の都合で決められた女性の性質である。そのために自分を抑えることは、のびのび育つことの対極にある。

娘に生理が始まると、母親のしつけはますます厳しくなる。それは娘を守るためである。娘はいつ性暴力の被害に遭うかわからないし、あるいは進んでセックスを行うこともある。妊娠して

しまえば、人生が狂う。中には娘の恋愛にも、厳しく目を光らせ監視する母親もいる。一方、プライベートな恋愛に干渉される娘は不快に感じる。誰とつき合っているか、誰のことを好きか、親に知られたくない娘もいる。そこで対立が生まれる。

母親には、望まない妊娠がひきおこす悲劇も、生活の基盤がない状態で子育てする大変さも、そしてもちろん、祝福されない結婚生活の厳しさも想像ができる。本当は、娘を誘惑しあるいは暴力をふるって娘の人生を台なしにする男性が悪い。だが、弱い立場の娘にできるのは、危険を避ける方法を身につけるぐらいだった。

親子で異なる結婚観

昭和の終わりから平成にかけて、娘の恋愛をめぐる母娘の葛藤は特に大きかったのではないか。というのは、当時の親世代と娘世代では、恋愛観が大きく違ったからだ。

テニスコートの恋として話題になった（写真：毎日新聞社）

戦中戦後に生まれた親世代は、男女平等を謳う日本国憲法のもと、民主教育を受けて育った。彼らにとって、対等な関係を結ぶ恋愛結婚は受け入れやすかった。

彼らが成長すると、明仁皇太子（当時）のご成婚によるミッチーブームで恋愛結婚が広まり始める。しかし、明治・大正時代に生まれ育った彼らの親世代は、育った環境や人となりを親たちが知っている人、あるいは信頼できる人の紹介であることを子どもの結婚相手に求める。しかも家父長制を引きずった当時の親の権力は大きく、若者たちは恋愛へのネガティブなイメージを感じつつ結婚していった。見合い結婚が主流で、恋愛の場合も肉体関係は持つべきではなかった。

その若者たちから昭和後期に生まれた娘たちは、恋愛結婚が当たり前で、結婚前に恋愛の一つ二つは経験していることが珍しくない時代に青春を過ごした。その交際にはセックスが含まれていることもある。一九七〇年代に批判的な視線を浴びながらも同棲が一部ではやり、一九八〇年代に恋愛ブームを迎えた結果だった。

一九八五（昭和六〇）年に出た一条ゆかりのマンガ『それすらも日々の果て』（集英社）は、恋に憧れる若い女性の主人公が、ダンディで浮気者の既婚男性にアプローチし、やがて本気になる物語だ。シチュエーションを重視する若い女性の願望が投影され、最初のデートで二人は海が見えるホテルに泊まる。また、既婚男女の恋模様を描いた連続ドラマ『金曜日の妻たちへ』シリーズがヒットするなど、一九八〇年代は婚外恋愛もおしゃれな流行ととらえられる傾向があった。

バブル期には、テレビのトレンディドラマが流行したが、それは出会った男女がすぐにセックスをする物語ばかりだった。その一つ、フジテレビの夜九時台に放送された連続ドラマ『君が嘘をついた』では、工藤静香が、麻生祐未と恋愛する三上博史に横恋慕し、「注射と同じ」と関係を迫って、初のセックスを体験する。とまあ、こんな調子で恋愛もセックスも、とびきり明るく軽く描かれた時代なのである。

そんな時代に育った少女たちは、当然セックス込みの恋愛を考えるし、いつまでも処女のままなのは恥ずかしいと考えた。先のドラマの工藤静香演じる女性は、早く処女を捨てたい一心で三上博史に迫っていたし、『それすらも日々の果て』の主人公も、同じように考えていた。しかし、親たちは結婚前のセックスを許さない。恋愛する女性たちは、いかに親の目を盗んで彼氏とセックスするかに力を注いだ。

「嫁」という商品に育てる

母親には、娘のしつけに力を入れざるを得ない事情がある。娘の恋愛に母親が神経質になるのは、育った時代が違いすぎたからだけでなく、女の子がお嫁に行くための商品として扱われてきたからでもある。

商品というのは、「嫁」としてもらわれることである。女の子に行われる一般的なしつけを列挙してみよう。椅子に座るときは両脚を閉じる。玄関で靴を脱いだらそろえる。会食や会議でお茶を入れ配る。お酒を注ぐ、座布団や椅子を出すなどの手伝いを率先して行う。家事能力の高さが特に重視され、男性を立てるなどの配慮も求められたが、知性はどちらかといえば軽んじられた。

女の子たちが特に求められたのは、周りの人が心地よく過ごせるような気配りをすること。今はたとえ親がそのようにしつけなくても、「女子力」という言葉で周囲の人々が目を光らせ、しつけてくれる。女子力とは、男性にモテる力。それは爽やかに見えるよう化粧や服装に気を配ること、気がきくことなどである。見た目は、もともとのルックスからも影響を受けるが、気配りはしつけが行き届いていればできる、と見なされている。

そして、このような配慮を息子には求めなかったのだなと思われるのは、男性たちに、この手の配慮をしない人が見受けられるからだ。靴を脱いだら脱ぎっぱなしで、お茶を入れるなどの配慮はしない。椅子に座るときには両脚をいっぱい広げる。電車の座席に浅く座り脚を通路に投げ出す。

公共の空間でそのような態度を取るのは、今や男性だけではないが、特に中高年の男性には目立つように見受けられる。彼らが細やかな気配りができないのは、そういうしつけを受けずに育ったからだろう。

もう一つ、母が力を入れる娘へのしつけが、家事の手ほどきだ。時代が古くなればなるほど、母親たちは娘に子どもの頃からきめ細かく家事を教えている。学校ではあまり教えないが、できないと将来、生活の質を落とす可能性が高いことから、母親が責任を負ってきたのである。持ち帰り弁当や惣菜、外食などの選択肢が多くなかった昭和半ばまでは、料理できないと食べるのに困る、という切実な動機もあった。

惣菜や外食などが社会で充実していくにつれ、母親たちも熱心に料理を教えることが少なくなっていった。料理しなくても食べていけるのであれば、何が何でも教える必要はない、と母親たちが無意識に判断しているのかもしれない。ならば、もし女性が子どもを産んでも仕事を失う危険が少なく、男性と同じ待遇が当たり前の社会になれば、娘を「女らしく」厳しくしつける必要はなくなるのではないか。

子どもが何も知らない小さい頃、親は男女にかかわりなく、子どもを厳しくしつける。食事をしたら歯を磨く、トイレを使うなどは、自分でできないと生活に困るし社会で受け入れてもらうことも難しくなる。男の子へのしつけは、そういう幼少期を中心とした、社会性を身につけさせることに終始する。

しかし、女の子へのしつけは、意に染まぬセックスの回避に加え、商品としてのしつけがあって、無事に結婚させるまで終わらない。妊娠の危険が高まる一〇代に母のしつけは厳しくなるが、それは娘の独立心が高まる時期と重なっている。「女らしくない」自分を捨てない娘と、心配性でしつけが過剰な母の間には、確執が生まれ深くなる。それはもしかすると、母自身が昔、自由な態度で生きようとして苦労したからかもしれない。母と娘が自由をめぐり戦わなければならないのは、彼女たちが生きる世界が男性中心社会だからである。

女の子は商品として育てられ、男の子は商品とされないのはもちろん、将来経済力を持つ可能性が高いのは男の子だけだからだ。女の子はお嫁にもらわれることで、経済的基盤を獲得してきた。

女子力という言葉で女性が周囲からプレッシャーを受けるようになったのは、商品としてしつけられないで育った女性が出てきたからではないだろうか。それは、女性の自立の可能性が高くなってきた時代を背景にしている。

娘に将来自活してほしいと考え、育てる母もふえているだろう。自分が受けた、商品としてのしつけに反感を覚えていた人もいるかもしれない。旧来どおりにしつけられて育った人は、そういう変化についていけない。女子力という言葉がひんぱんに使われるのは、時代が変わり、新旧の価値観がぶつかるからである。

自活が難しいがゆえに……

問題は、女性たちの変化に社会制度が追いついていないことだ。それは働く現場に顕著である。厚生労働省の調査など、国内外のたくさんの統計データに基づき、働く女性の現状を分析した『働き方の男女不平等　理論と実証分析』（山口一男、日本経済新聞出版社、二〇一七年）によれば、今でも、女性は職場で差別的な待遇を受けている。

管理職の割合を性別や学歴ごとに分類していくと、「女性大卒者の課長以上割合は、男性高卒者の課長以上割合の半分にも満たない」「重要な業績である大卒か否かより、生まれが男性であるか女性であるかが、課長以上の管理職になる可能性の大きな決定要因」だった。それは管理職候補から女性が外される、総合職・一般職のコース別人事管理をするなど、女性が昇進しにくい構造が変わらないからである。

所得格差について分析した章では、女性がいったん育児で離職したあとは正規雇用で職を得ることが少ない、昇進する女性が少ないことなどで、女性の給料が上がりにくい実態を指摘する。そして専門職と同様に、「女性事務職は「女性」であるということでひとくくりにされ、潜在的に男性と同様に多様な事務能力を持ちながら、職務の配置を通じて、比較的簡単で責任の少ない仕事に配置され、賃金も低く抑えられるという慣行が日本企業にいまだ多く残っている」と指摘する。

長時間労働が前提とされている職場で、短時間勤務を求める子育て中の女性は不利だ。責任ある仕事から外されることは多いし、子どもが発熱するなどの理由で急に早退する、休むといったことをくり返せば職場に居づらくなる。小学校に上がると、子どもに学童保育などの居場所を確保できず退職する女性もいる。

しかし、子育てにはお金がかかる。教育の機会を十分に与えようと思えば、学費に加えて塾に通う費用などもかかる。私立に入れるなどすればその経費もかかる。自分に稼げる見込みがなければ、夫に期待するほかない。

女性たちが結婚相手に高い所得を望むのは、差別的な構造の社会で自分が子どもを養う力を持てないことをよく知っているからである。だから、たとえ母がしつけなくても、娘が進んで女子力、つまり商品力を高めてよりよい条件の男性を求める風潮は残っている。

自分の将来の不安定さ、あるいは失職の高い可能性、そして子どもを産んだときに発生する新たな費用の大きさを考えて、女性たちは、自分より高い所得が期待できる男性を求める。そして、よりよい商品となるべく、女子力を磨くのである。

高所得の男性ほど結婚しやすく、その結婚が早いのは、自分の将来に見切りをつけた「女子力が高い」女性たちが、早い段階で彼らを捕まえてしまうからである。それは女性にとって生き残りをかけた戦いである。もしかすると、本当の買い手は女性のほうかもしれない。

母親たちが、自立心がめばえた娘たちを厳しくしつけるのは、それゆえ二つの意味がある。一つは性暴力から守り、妊娠をさせないで、ふさわしい相手と無事結婚できるように守ること。もう一つは、経済力を確保させること。自分の体験を踏まえて娘自身が自分を養える可能性は低いとみなし、「愛される女性」に育てることで、より条件のよい男性と結婚できるようしむける。

母が娘に疎まれても、女子力を身に着けさせようと心を砕くのは、娘の経済的基盤を保証する方法が結婚以外にないと考えるからである。実際のところ、シングル女性やシングルマザーの貧困率は、社会問題になるほど高い。

厚生労働省が発表した二〇一六年度の「全国ひとり親世帯等調査」によると、親がシングルの家庭の九割近くが母子家庭だ。ＯＥＣＤ（経済協力開発機構）の調査[注3]で、親がシングルで就業している家庭の相対的貧困率は、日本が五四・六パーセントと突出して多い。この二つを突き合わせると、多くのシングルマザーの家庭が貧困に陥っていることがうかがえる。

また、二〇一四年一月に放送されたＮＨＫの番組『あしたが見えない――深刻化する〝若年女性〟の貧困』によると、働く単身女性のうち三分の一が年収一一四万円未満である。

経済力を身に着ける女性がふえてきたとはいえ、日本の現状は、それが一部に過ぎないことを示している。そして人生経験を積んだ母親たちは、このようなデータを知らなくても、夫の収入を当てにできない女性が経済的な困難を抱えがちなことを知っている。だから、母親たちは娘を結婚させることを自らの使命と任ずるのである。

母親たちの孤独

三歳児神話の呪縛

　ママハラが強くなるのは、母親の責任が重すぎるからかもしれない。日本では子育てについて、母親の愛情ばかりが重視される。子どもに何か問題が起こったとき、責められるのも母親だ。本節では母親の責任を中心に考えてみよう。

　象徴的なのが、三歳までは母の手で育てるのがよいという「三歳児神話」だ。これは一九九八（平成一〇）年版の『厚生白書』で「合理的な根拠は認められない」と明確に否定されたにもかかわらず、人々の心にしぶとく残っている。

『厚生白書』では次のように説明されている。「三歳児神話は、欧米における母子研究などの影響を受け、いわゆる「母性」役割が強調される中で、育児書などでも強調され、１９６０年代に広まったといわれる」

　この時代の日本は高度経済成長を続け、夫は仕事、妻は家事と育児に専念する性別役割分業が広まった。育児に手をかけられる専業主婦がふえた時代だった。また、高学歴化が進む中で母親の教育的役割も強くなった。父親は不在がちで核家族なので、母親は育児責任を独りで背負う。三歳児神話は、時代の空気に合って浸透したのである。

『厚生白書』は次のように続ける。「母親が育児に専念することは歴史的に見て普遍的なものでもないし、たいていの育児は父親（男性）によっても遂行可能である。また、母親と子どもの過度の密着はむしろ弊害を生んでいる、との指摘も強い」。踏み込んだ指摘である。あまりにそばにいる時間が長いと、人間関係はこじれやすい。それは親子であっても同じである。仲がよくてもお互いに依存しすぎると、子どもの自立を阻んでしまう。母親も子どもも互いに縛られることで息苦しくなり、相手をうらんでしまうことにもなりかねない。長時間母娘だけで過ごす生活は、ママハラの温床である。

母親というだけで、女性に常に子どもを温かく見守り慈しむ完璧な人間を求める傾向は今も続いている。冷静に考えてみるとおかしな話だ。

欠点もあって人生経験も浅い一人の女性が、子どもを産んだとたん、自分を押し殺して子どものためだけに尽くす人間に生まれ変わることは可能なのか。それとも、母親というスイッチが入っただけで、人格が変わって皆が同じ「お母さん」キャラクターになってしまうのか。そんなはずはないだろう。

母親が、子どもから目を離したり、自分の欲望を優先すると責められる。仕事を持って忙しくしていると責める人もいる。父親なら、何も言われないのに。母親というだけで、女性は休んだり遊んだりしたいと望むことも許されなくなってしまう。

母親に対する幻想は、子どもの立場の願望から来ている。もしかすると、一九六〇年代に人々のライフスタイルが変わったことに原因があるのかもしれない。子どもを守り慈しむべき人が母親に限定されてしまったときに。

父親はこのとき、育児の責任から解放され、子どもの生活への関心を薄める。そして、少子化と晩婚化の時代がまもなく始まり、きょうだいがいない人がふえ、やがて周囲に子どもがいないという大人もふえていく。子どもがどんな存在で、子育ての何が大変かもわからない大人がふえ、育児に無茶で神聖なイメージを求めるようになったのだ。出産した女性もその夫も、子どもが生まれてからはじめて、その子が愛らしいだけでなく、世話が焼け、しかも思い通りに反応してくれない大変な存在であること、周囲のサポートが少ない環境で子育てする自分たちが、常に慈愛に満ちた親でいるのは難しいことに気づくのである。

母親たちの孤独な育児

香山リカの『母親はなぜ生きづらいか』（講談社現代新書、二〇一〇年）によれば、母性愛をしっかり持ち、常に家にいて食事はすべて手づくり、家族の面倒をよくみるといった理想の母親像の条件を満たす女性は、香山の診察室に来る患者に多い。「しかし、彼女たちはそうであるがゆえに、うつや強迫、パニックなどさまざまな症状に苦しめられていると言ってもよい」。

母親になった女性自身が、理想を求めてしまうのかもしれない。母は厳しかったけれど、自分は子どもにやさしくしたい、など願い通りではなかった実の母を反面教師に、理想に向かって努力するのかもしれない。あるいは、子どもができてからの日々を、夢みて描いた理想通りにしたいと奮闘するのかもしれない。

周囲の人々も、晴れてお母さんとなった女性に理想を求める。保育園や幼稚園の先生、病院の医師、近所の人たち、生まれた子の祖父母たち。そしてもちろん夫。もしかすると最も強いのは、周囲からのプレッシャーかもしれない。

いずれにせよ、子どもを産むと、それまでのわがままだったりヘタレだったりと母親らしさから遠い自分を封印し、子どもに尽くす母親を演じる努力を始める人は多い。自分らしいままでは、保護と愛を切実に求める子どもに全面的に応えることができないからだ。だが、自然そのものの自由な赤ん坊を社会性のある人間として育て上げるのは、一筋縄ではいかない。

子どもが幼少期の頃の苦労を「ワンオペ育児で双子だったから、幼少期は思い出したくない黒歴史」と語る女性もいれば、「息子が三歳になって、やっとかわいいと思えるようになった」と告白する女性もいる。イヤイヤ期の娘と同レベルでケンカしてしまい、夫にあきれられた女性もいる。育休で人に会うこともままならなかった頃、世の中から置いていかれるように感じ、苦しんだことを告白する女性は多い。

三歳児神話が広まって以降、育児は母親が孤独に行うべきものとなった。その孤独は世代が下るにつれ増しているかもしれない。私が子どもだった昭和五〇年代は、専業主婦が多かったこともあり、住宅街にはたいてい人がいた。お母さんたちは井戸端会議をし、子どもたちは家の周りで遊び、お年寄りも日向ぼっこや夕涼みをしていた。外に出たら誰かいて、赤ちゃんを連れていれば話しかけてもらえた。母親同士のおしゃべりは息抜きになったし、情報交換もできた。

今だって、赤ちゃん連れは声をかけてもらいやすいが、公園など人が集まる場所を探さなければならないことも多い。何しろ今は住宅街が閑散としている。子どもたちは塾や習いごとに忙しく、お母さんたちの多くはよそで働いている。人が集まっていると思えば、犬に散歩をさせる人たちぐらい。その輪に、ペット連れでない人は入れない。

大人との交流を求めて、早々に育児休暇を切り上げ職場復帰する女性もいるだろう。育児中、常に一緒にいる相手は会話も成立しない赤ん坊や幼児で、孤独を癒してはくれないこともある。世話に明け暮れるうちに、自分を見失ってしまいそうになる。もしそこで、経済的な心配や将来への不安を抱えていれば、自分からたくさんのものを奪うわが子が憎らしくなり、八つ当たりしてしまうかもしれない。ママハラの始まりだ。

ワンオペ育児はなぜ問題なのか

二〇一三（平成二五）年に安倍首相が「三年間抱っこし放題」という育休を提案して女性たちからひんしゅくを買った。三年間も子どもだけに拘束される日々を、ぞっとする思いで想像した母親たちもいるだろう。

とんちんかんな政策提案は、いかに子育ての現場を知らない人たちが政策決定の場に集まっているかを知らせるものだった。働く男性たちに、勤め先へ全身全霊をささげるよう求めた時代が続き、彼らは父でありながら子どもがいる生活をあまり知らない人間になってしまった。

母親が独りで行う育児が過酷だと幅広く知られたのは、「ワンオペ育児」という言葉が生まれて広まったことがきっかけだろう。その名も『ワンオペ育児』（藤田結子、毎日新聞出版、二〇一七年）は、この言葉がツイッターで初めて使われたのが二〇一四年八月と明記する。牛丼チェーン店のワンオペ就労が問題になった時期だったからだ。

発達心理学者の柏木惠子による『子どもが育つ条件』（岩波新書、二〇〇八年）には、人間の育児は本当に大変だと書いてある。生まれて間もなく自分でエサもとれるようになるほかの生きものと異なり、人間の赤ん坊が一人前になるには長い時間を要する。動物の世界でも育児にかかわるオスはいるが、それは、「メスだけでは仔の生存は不可能で、オスが育児に加わることによって仔の安全と成長が保証される」場合に限られる。

一方、人間については「人間の赤ちゃんほど未熟で無能な動物はありません。眠っている間に毛布が顔にかかっても、自分で払いのけることも顔をそむけることもできず、最悪の場合には窒息死してしまいます。したがって人間の育児は片時も目が離せず、労力も気も使う大変な仕事です」と説明する。

長い養育期間を要する人間を育て、種の保存にまで結びつけることは「母親だけでは無理で、複数のおとなの関与が必須です。そこで、人類の男性は単なる精子の提供者に終らず、子の誕生後も女性・母親と子のもとにとどまり、食糧の調達、外敵からの防御、さらに子どもの世話などに関わることになりました」「日本における父親の育児不在状況は、子育て＝繁殖成功の必需品として進化した機能が不全に陥っていることともいえます。繁殖成功のため進化した父親が不在・機能不全という状況が、一人奮闘している母親を不安に陥らせるのは当然のことです。一人では対処しきれないほど育児は大変で困難な課題なのです」

人間の子どもは手がかかる野性的な存在で、本来は何人もの人がかかわって育つべきである。異なる個性を持つ複数の人がかかわることは、子どもに柔軟で幅広い視野を身に着けさせるためにも必要なはずである。ところが、現代の日本では子どもに大勢の大人がかかわることが難しい場合がある。両親がそろっている家庭でも、父親は会社に束縛されて不在がち。多くの母親が孤独な状態で子どもの世話に明け暮れるワンオペ育児をしてきた。

その結果、ママハラをしてしまう。一人目の世話が大変すぎて、二人目以降を産みたくないと考える女性もいる。私のように成長後に、「子どもを産めない」と思う娘も出てくる。母親の孤独は家族を分断し、子どもを持つことに消極的な人をふやすのだ。育児を女性だけに押しつけておいて、父親として愛され尊敬されることを求めたり、人材として活用できる人口をふやしてほしいと望むのは、あまりにも虫がよすぎる。少子化は経済問題と密接に結びついているが、それ以前に、母親の負担が大きすぎる社会構造の問題でもある。

江戸時代の知恵

昔の人は、育児にたくさんの大人がかかわるしくみをつくっていた、と指摘するのが、先の『母親はなぜ生きづらいか』である。江戸時代、子どもは家の子どもであると同時に、共同体の子どもでもあった。具体的には子にかかわる大人たちを「仮親」とすることで、かかわる大人をふやしていたのである。

江戸時代の子育て。脇坂義堂著、下河辺拾水画「やしなひ草」（関西大学図書館蔵書）より

「取上親（出産時にへその緒を切る）、抱き親（出産直後に赤ちゃんを抱く）、行き合い親（抱き親が家の外に出て最初に出会う）、乳親（生後数日間、乳児を持つ女性が乳を与える）、拾い親（丈夫な子どものいる家の前に形式的に捨てられ

た子を、拾って預かる）、名付け親（名前を付ける。たいていはその人の名前から一字あるいは複数の字を与えた）、守親（幼児になるまで子守をする）」といった具合で、各仮親と子どものつき合いは一生続いたとされる。

イギリス人旅行家のイザベラ・バードが、明治初年に日本を訪れた折、日本人の親たちがあまりに自分の子どもをかわいがるので驚嘆し、『日本奥地紀行』（高梨健吉訳、平凡社ライブラリー、二〇〇〇年）に書いた。それは、子どもがたくさんの仮親に囲まれていて、親の負担が少なかったからかもしれない。そして、子どもがたくさんの人に見守られてすくすく育つ環境は、同時に孤独な大人がふえない環境でもある。かかわり合うことで、子どもと大人は支え合っていたのである。

宮崎駿の人気アニメ映画『となりのトトロ』は、そんな共同体のつき合い方が残る時代を牧歌的に描いた作品である。物語の中心にいるのは、母親が入院しているため一時的にシングルファーザーとなった大学研究者の父親と、小学生のサツキ、四歳のメイの家族だ。彼らは緑豊かで田畑に囲まれた郊外へ引っ越し、地域の守り神ともいえる不思議な生き物、トトロと交流し、地域の人たちとかかわる。

物語のクライマックスは、母に会いたいと一人で病院へ向かったメイが迷子になり、村中総出で探すくだりだ。もちろんサツキも必死に探す。二人のめんどうをみてくれた隣のおばあちゃんも、その家の子どもでサツキと同級生のカンタも心配する。

温かい人の交流を描いたこの物語を観ると、なぜか「生まれてきてよかった」という気持ちになる。みんなたくさんの人に見守られて育ってきたんだと映画は伝えているようだ。

そんな牧歌的な風景はしかし、新参者が地元に入り込めなかったり、近所づきあいが希薄な現代の都会の現実からは遠い。憧れの対象だからこそ、この物語は長く愛されるのかもしれない。

お国のための母性愛

仮親制度が成り立たなくなった近現代は、暮らしの中心が共同体から企業へと移っていった時代である。農村社会は共同体なしでは回らない。共同で行う農作業、屋根のふき替え、畑を荒らす野生動物の駆除、肥料となる落ち葉や燃料となる薪、きのこや山菜をとるため、里山へ入ること。生活は村とその周囲まで広がっていて、村人たちは一緒に働く仕事仲間でもある。農作業も、家事も、共同で行う地域の管理も入り混じるなかで、人々は暮らしてきた。

しかし、企業社会では、あちこちに住んでいる従業員を集めて職場に拘束し、家の仕事は従業員の生活から切り離される。企業は労働者から最大限の能力を引き出し営業成績を伸ばし、製品を販売していきたい。国は近代化を推し進めて国力をつけたい。男性たちを職場に拘束して仕事に専念させるため、育児が母親だけの手によって行われるべきという考え方が、近代日本でも生まれた。

近代になって新たに加わった母親の役割に、教育もあった。共同体の中で生活が回っていた時代は、子どもは早いうちに大人たちから技術を習い覚え役立てることができた。仕事を教えることが、子育てでもあった。しかし、複雑さを増していく社会を支える人になるには、高等教育を身に着けることが求められる。親たちは、教育を学校に任せたうえで、自らはそのサポートに力を入れるようになった。

女性が教育を受けられるようになったのは、社会の側に高度な能力を持つ男性を育ててもらう必要が出てきたからである。そうして一八九九（明治三二）年に高等女学校令が発令された。高等女学校で女子が学ぶものは、男子が中学校で学ぶものとは違っていた。いわゆる主要科目はあるが、中心は裁縫や料理といった良妻賢母教育に置かれた。知的なよい母親となって、良質な人材を育ててもらうために、女子教育は行われたのである。

やがて日本は戦争をくり返す国になる。日清戦争が一八九四（明治二七）～九五年。日露戦争が一九〇四～〇五年。第一次世界大戦が一九一四（大正三）～一八年。日中戦争から発展して第二次世界大戦に参戦したのが一九三七（昭和一二）～四五年。ひんぱんに行われる戦争に向け、戦場に送り出す健康で優秀な兵士を産んで育てるのも女性の役割だった。

優秀な男子を産み、将来男子を産むための女子を産むことも求められる。国に奉仕する青年をふやすため、子育てをする間に育つ愛情を、母親だけのものとして強調する母性愛の概念が生まれて肥大した。

戦争が終わって、母性愛神話は、経済的豊かさを実現する産業奨励のために利用されて継続した。その一つが三歳児神話である。お国のためと表立って言われることはなくなったが、滅私奉公する企業戦士を育てるため、母親は自分を犠牲にして尽くさなければならなくなった。父親は戦士として会社に取られている。それでも最初の頃は、母親同士が協力し合って子育てを行ってきたが、経済が伸び悩むようになると、母親たちも仕事を求めて外に出るようになり、連帯が難しくなっていく。

父親が会社に尽くすうちに家族から心が離れ、孤独な母親たちはママハラをして子どもたちを苦しめる。子どもたちは結婚や育児に夢を抱かなくなる。少子化は、ある程度までは、乳児死亡率が下がると自然に起こる。しかし、それが人口減少をもたらすほど進みすぎているこの三〇年間の現象は、個人に負担を求めすぎたツケと言える。国はそれを払わされているが、国民も払わされている。産みたくても産めなかった女性たちの悲しみは、産んだけれど失うものが多かった女性たちの苦しみは、求めても愛してくれない親のもとで育った子どもたちの孤独は、いったいどうやったら癒すことができるのだろうか。

永遠に終わらない子育て

子育てをライフワークにする人たち

ワンオペ育児を強いられて母親業に専念した結果、子育てを自分のライフワークにしてしまった人たちがいる。

幼い頃、四六時中めんどうをみなければならなかった子どもは、やがて歩くことを覚え、言葉を操るようになると、自分の世界を広げ始める。次第にたくさんの人とかかわり、遠くへ行くようになる。いつか来る自立のときに向けて準備しているのだ。かかりきりで世話をしていた子どもが離れていくと、母親は強くさみしさを感じるだろう。

子どもは、順調に成長していけば、自分で自立のときを決める。高校生になったとき、社会人になったとき、恋愛をしたとき、結婚を決めたとき、一人暮らしを始めたくなったとき。人によっていつ親と精神的に距離を置くか、いつ自分の人生設計をきちんと描いて実行したくなるかといったタイミングは違う。自立の程度も違う。

経済的な自立ができるかどうかは大きい。親元から離れたくなっていても、生活を支える経済力がなければ、実現は難しい。引きこもりが長引いて深刻化するのも、障がいを持った子どもが親元で暮らし続けるのも、子どもが経済力を持たないことが大きい。結婚という形の自立が一番祝福されるのは、経済的にも精神的にも新たなよりどころができた、と親や周りが認めるからだ。

母親が子育てをやめるタイミングを決めるほうが、おそらく難しい。母親の心には子どものこれまでの姿が蓄積されており、自分の身長を追い越した子どもに、いつまでも幼い姿を探してしまう。何といっても幼さはいとおしい。子どもも親の前では甘えがちなので、外で見せるしっかりした姿を、なかなか親に見せない。母親は、「身体は大きくなっても、いつまでも子どもね」と思いたくなる。

頼られるのはうれしいし、甘えられるのもうれしい。子どもが小さくて、かまってほしがるときはめんどくさいと思っていたはずなのに、成長して負担が軽くなってくると、今度は愛される喜びを手放しがたくなる。世界で一番自分を愛してくれる存在は、夫ではなく子どもだった、という人もいるだろう。全身全霊で愛される喜びが、大変なことが多い子育てを、多くの女性が引き受ける最大の要因かもしれない。


母親が子どもの手を放すことが難しいのは、子どもが自立できる時期が遅くなったからかもしれない。戦前までは結婚も早かったし、家業を手伝う、修業に出るなどのタイミングはもっと早く、一〇歳前後で子どもたちは働き始めた。そうすると、子どもはいやおうなく自立し、母親も手を放す。母親自身も手作業の家事や仕事で忙しく子どもに構う余裕がなかった。

しかし、戦後は高学歴化が進んだ。一九七四（昭和四九）年には高校進学率が九割を超え、同じ頃、大学・短大進学率も三割を超える。教育期間が長くなると、子どもがいつ精神的に自立するのか、見定めにくくなっていく。

育児書や育児雑誌には、赤ん坊や幼児について書いてある。でも、いつどんな風に子どもの手を放し、いつ子どもが一人前になったと認めればいいのかは、書いてあるものが少ない。切実にガイドを求める幼児期とは異なり、一〇代の子を持つ親は、そういう解説書を求めないかもしれない。また、子どもは成長するにつれ個人差が大きくなるから、一般論を受け入れるのが難しい。そうして成人した子どもの世話を続ける親もいる。

子どもに縛られた母親の悲劇

母親が子どもの手を放さず、いつまでも子育てをやめないのは、彼女自身が二四時間三六五日、たった一人の責任者として子育てに縛られ続けた日々のせいかもしれない。結婚したら「誰それの妻」、子どもを産んだら「〇〇ちゃんのお母さん」と役割を決められてしまい、フルネームを持った個人として生きられなかった女性は少なくない。母親として常に責任を問われ、慈しみ深い人間であることを求められて子どもに縛りつけられているうちに、自分が母親である前に一人の人間であり、一人の女性であることを、忘れてしまうのかもしれない。

母親が子どもに依存して子育てをやめない原因は二つ考えられる。一番大きい問題は、彼女の夫がきちんと家族にかかわらないことだ。本当は、夫が彼女を一番必要とし、ともに生活を築いていくパートナーであるはずだ。ところが、夫が仕事と結婚したような状態で家庭を顧みなければ、彼女を必要としてくれるのは子どもだけになる。子どもが愛し愛されるパートナーになると、彼女は子どもの手を放せなくなる。

一九七七（昭和五二）〜八五年に『週刊少女フレンド』（講談社）で連載された青春マンガ『生徒諸君！』（庄司陽子）に、印象深いエピソードがある。

主人公のナッキー（尚子）の双子の姉、マール（真理子）が一六歳で亡くなったときのこと。尚子を実家に預けてまで、全力をかけて病弱な真理子を育ててきた母は、娘の死を認められない。そして尚子を真理子と思い込むようになる。

高校に来なくなったナッキーを心配し、訪ねてきた仲間の沖田は、「子は親を乗り越えていくもんやよってな。子が親の犠牲になってしもうたら　その親の子として生まれた意味すらのうなってしまうんやないやろか」と言い、後日ナッキーの父を職場に訪ねる。そして、仕事で忙しかったと言い訳する父親に「あんたがほんまにささえてやってたら　おばはんはあんたのところへもどってきたはずやないか！」と言い放つ。

このマンガは、極端な設定を用いて、母と娘の依存関係の本質を鋭く言い当てている。育児だけに母を専念させるから、ほかに支えがないから、母は全人生をかけて育児をしてしまい、その子を手放すことができなくなってしまうのである。

『生徒諸君！』

「保育園落ちた」

昭和後期、サラリーマンの妻が働くことは難しかった。育児休業制度もなく、子どもを持つ女性が働くことに対する風当たりも強かった。保育園も少なく、経済力のある夫が、妻に母親業に専念するよう求める場合もあった。

平成になってからも、働く女性の増加に保育園の供給は追いついていない。二〇一六（平成二八）年には保育園に入れなかったために働けない女性の叫びを代弁するブログ「保育園落ちた日本死ね!!!」が、国会に持ち込まれるほど大きな話題を呼んだ。学童保育の充実も遅れており、子どもが小学校に上がったのちに子どもを預ける場所がない、子どもが母親を求める声に負けた、などの理由で退職する女性もいる。

国立社会保障・人口問題研究所が、第一子出産前後の妻の就業変化を調べたデータによると、出産後も就業を継続する女性の割合は、男女雇用機会均等法が成立した一九八五（昭和六〇）年から二〇〇九（平成二一）年までほとんど伸びていない。一九九二（平成四）年の育児介護休業法施行前の一九八五～八九年、仕事を続ける女性の割合は二四・一パーセント、出産退職する女性は三七・三パーセントだった。二〇〇五～〇九年では、二八・九パーセントと二〇年経ってもほとんどふえていないうえ、退職する女性も四二・九パーセントにふえている。二〇一〇～一四年にようやく伸び、三八・三パーセントになった。

二〇〇八年に起こったリーマンショック後は、育児休業を取得した女性に退職を強要するなどの「育休切り」が横行して社会問題になった。二〇一四（平成二六）年には、妊娠・出産を理由にした不当な待遇や嫌がらせ、マタニティー・ハラスメント（マタハラ）を原則違法とする最高裁判決が出ている。しかし、都道府県労働局に寄せられたマタハラの相談数は二〇一六年度に七三四四件もある。[注4] 泣き寝入りする人はもっと多いと考えられ、マタハラがない社会へはまだ遠い実態が明らかになっている。

一九九七（平成九）年以降、仕事を持つ既婚女性の割合は専業主婦より多くなったが、その人たちの多くはパートや派遣社員として働いていると考えられる。子どもを産んだ女性は、依然として母親業中心に生きさせられているのだ。

やりがいのある仕事を与えてくれない職場、あるいは給料がふえない職場より、自分を求めてくれる子どもに応え、母親業に没頭したくなる女性もいる。フルタイムで働く女性はふえたが、その中には子どもを産んでいない女性も多い。身軽ゆえに「仕事で輝く」ことができる女性が見えるようになった分、母親業中心の女性はかえって追い詰められているかもしれない。

孫育てをしたい祖母たち

日本人のライフスタイルは高度経済成長期から先、大きく変わった。世界でもトップクラスの寿命の長さを誇る国である一方で、子どもを産む数は少ない。五〇歳、六〇歳はまだ中年の域にあって元気なのに、その年代の女性はたいていの場合、子育てが終わっている。残りの人生のほうが子育て期間より長いことがある。

子育てを生きがいとしてしまった女性は、もしかすると、次は孫育ての機会を狙っているかもしれない。子どもの結婚は、子育てが成功した一つの証であり、結婚式はそのことを世間に披露する場だ。孫の誕生は自分の血筋が続いていく証であり、それは子育ての最大の成果と見える。

だが、娘の結婚を望む母親たちが、娘の幸せを願っているとは限らない。「可能なら」、と子育て以外に生きがいを持てなかった親たちは思っているかもしれない。娘が幸せな結婚をしている姿は見たくない。自分は夫に恵まれなかった。子育ても家事も任せきりで、そばにいて欲しいときにいてくれなかった。得られなかった幸せを、自分が犠牲になって育てた娘が得るのは許せない。

できれば結婚に敗れた娘と、「男はどうしようもないよね」と言い合いたい。そして、孫を引き取り、無条件で愛してもらう喜びをもう一度味わいたい。娘にしてやれなかったこと、娘相手ではうまくいかなかったこと、思いを残す子育てを、今度こそ失敗なくやれるチャンスかもしれない。「いつでも帰っていらっしゃい」と結婚する娘を送り出す心の奥に、そんな願望がうごめいている人もいるのではないだろうか。

母親がそんなふうになったのは、子育て以外に世界を広げようとしなかった彼女自身のせいでもあるが、環境にも要因はある。夫が家庭の外にばかり関心を向けて、妻を支え、妻を頼りにしてこなかったとしたら、夫も悪い。彼女の夫を拘束する一方で、彼女自身には活躍の場を与えなかった企業の問題でもある。子どもを産んだ女性が、子ども以外の世界を持つことを許さない構造が、子どもを生きがいにして自分の所有物のように接する母親を大量生産しているのである。

「ていねいな暮らし」の呪縛

「ていねいな暮らし」バッシング

一九八六（昭和六一）年に男女雇用機会均等法が施行された数年後、平成不況がやってきた。仕事をしたい女性だけでなく、働かざるを得ない女性がふえ、専業主婦が既婚女性の多数派を占める時代は終わりを告げた。今でも中高年には主婦がたくさんいるが、一九八〇年代に生まれ、インターネット時代の二一世紀に大人になったミレニアル世代は、「仕事も子育ても」と考え、実行に移す人がふえている。そこで出てきた問題が、家事や子育てに時間をかけられない罪悪感である。

ミレニアル世代が子育て期に突入した二〇一〇年代半ばから、家事に関する議論がメディアで活発に交わされるようになっている。いち早くそのテーマに目をつけ、積極的に扱ってきたのは、『AERA』（朝日新聞出版）である。二〇一四（平成二六）年一〇月六日号で、「働く母の食卓クライシス」、二〇一六年五月三〇日号で「共働き希望9割　阻む15の壁」など、働きながら家事を引き受ける女性の大変さをルポしている。男性の家事・育児へのかかわり方をテーマにした記事もある。

書籍や女性誌でも、家事の省力化をテーマにしたものが目につくようになった。テレビでも、二〇一六年に放送され高視聴率を記録した連続ドラマ『逃げるは恥だが役に立つ』（TBS系）が、家事のシェアをテーマにしている。

二〇一〇年代半ばには「ていねいな暮らし」という言葉が流行る一方で、インターネット上には批判する声が目立った。「ていねいな暮らし」とは、心と体を大切にするゆったりとしたライフスタイルで、保存食づくりなど、しなくてもいいがすると充実感のある家事が具体的な方法として、おしゃれなイメージでメディアから発信された。

「ていねいな暮らし」は、戦後三度目の流行だ。一度目はオイルショック後の昭和五〇年代に起こった手芸や洋菓子などの手づくりブーム。二度目は平成不況の二〇〇〇年代初頭に起こったスローフードブーム。三度目の二〇一〇年代半ばは東日本大震災後。不況や震災などで日常が脅かされると、暮らしを見直す機運が高まるのかもしれない。

今回が今までと違うのは、「ていねいな暮らし」が憧れの対象として終わらず、バッシングが起こったことだ。双方向のSNSが普及し、反応を発信しやすくなったこともあるだろう。バッシングしている人たちは、そういう暮らしとは遠い自分の現状を否定されたかのように感じ、過敏に反応したように思える。それは、実は彼女たちがその暮らしを、あるべき姿と捉えていたからではないだろうか。

昭和の主婦

ミレニアル世代の女性の頭にある「正しい暮らし」はおそらく、自分が子どもの頃、あるいは

『サザエさん』などメディアで発信される昭和の暮らしのイメージだ。

彼女たちの親は、現在五〇〜六〇代。働く女性がふえた均等法世代も入っているが、この世代が若かった頃は、企業が子育て期の女性が働くことを想定しておらず、やむなく退職した人が多い。母親になったのは、家庭中心に暮らす選択をした女性たちと言える。当然、家事に手をかける余裕もある。

その世代が手本にしたのは、専業主婦が主流になった時代に主婦業にいそしんだ昭和前半生まれの母親たちである。

つまり、今の女性の葛藤の根っこは、昭和育ちの母親や祖母たちが築いた主婦の家事スタイルにある。問題を解きほぐすには、昭和の主婦がなぜ「ていねいな暮らし」を実践したのか、その背景を知る必要がある。

創刊号は電子書籍で復刊された

昭和の主婦が家事に力を注いだのは、ある時期まで主婦が特権階級だったことが影響している。大正時代とそれに続く昭和戦前は、サラリーマンがふえ、その妻の専業主婦もふえた時代だった。ミレニアル世代の曾祖母世代にあたるこの女性たちが、主婦第一世代である。

一九一七（大正六）年、『主婦之友』が創刊されて人気雑誌になったことで、家事と育児に専念する「主婦」という立場が知られるようになっていく。しかし当時、サラリーマン層は多くなったとはいっても、人口の一割に満たなかったので、注5 誰でも主婦になれるわけではなかった。多数派の庶民の女性は、家計を支えるために何らかの仕事に就いて働きつつ家事や育児もこなしていたから、家庭に専念できる主婦は憧れの存在だった。

母親の大変さを見ながら育った戦後の女性たちは、働かなくてすむ主婦をめざす。一九五〇～七〇年代の高度経済成長は、その夢を現実にできる女性を大幅にふやした。この時代、既婚女性の半分もが専業主婦になっている。

同じ主婦とはいえ、戦前と戦後では大きな違いがある。それは地位である。『性と法律』（角田由紀子、岩波新書、二〇一三年）によれば、明治憲法のもとで、女性は結婚も離婚も戸主の同意がなければできなかったし、結婚した女性が自分でお金を稼ぐには夫の同意が必要で、自分の意志で人生を決めることは難しかった。

しかし戦後、日本国憲法の制定で男女同権となり、結婚は本人たちの意思でするものとなった。夫が外で働いて稼ぎ、妻が子育てと家事を引き受ける性別役割分業は、自分たちの意志で行った対等な取り決めだったのである。夫の支配下で家庭を回した戦前の主婦と、自らの意志で家庭責任を引き受けた戦後の主婦は、似ているように見えて実はまるで違う立場だった。

戦後の主婦は、自分だけが使う台所を自分の城とみなすようになる。戦前と大きく暮らしぶりが変わらなかった農村部では、明治大正生まれの舅姑がいる家で、妻たちはイエの嫁扱いを受けたが、田舎の長男に両親を任せて都会に出てサラリーマンになった次男三男は、イエの慣習に縛られなくてもよかった。

女性たちも、親を背負っていない次男三男のサラリーマンと結婚することを望んだ。そんな女性たちにとって、日々働く台所が自分の城となるのは必然だったと言える。

昭和30年代公団住宅のモダンなダイニングキッチン（たばこと塩の博物館HPより／提供：UR都市機構）。

なぜ主婦は家事に力を入れたのか

高度経済成長期、台所を取り巻く環境も戦前と大きく変わった。新しく建った団地などの家は、土間ではなく使いやすい板の間キッチンを持つ。水道、ガスも完備され、食器を落としても割れにくく手入れしやすいステンレスの流しがついている。ガスコンロは二口で、同時に二つの料理を並行してつくれる。薪の火と違って火力が安定しているので、炒めものや肉・魚のソテーもたやすくできる。電気冷蔵庫には、買ったものを数日間保存しておける。

食材の選択肢も豊富になった。畜産が盛んになり、肉や卵、乳製品が手に入りやすくなる。新鮮な野菜もたくさんそろう。コメも不足することがない。それは敗戦国を立て直すため、国が農業政策に力を入れたおかげだった。

潤沢に手に入る食材、便利なキッチンを得た女性たちの料理に対するモチベーションは、当然上がる。食べるものにも苦労した戦中戦後に育った彼女たちは、親から受け継いだ料理ではなく、主婦雑誌や料理番組から情報を得て料理する。食べたことがない食材、はじめて使う便利なキッチンを使いこなすにも、新しい情報は必要だった。メディアは、一度におかずを何品も食卓に載せる献立づくりを教えた。日替わり献立と、愛情をこめてていねいにつくることも奨励した。

この時代にメディアを教科書に料理を覚えた女性たちは、家庭の食卓は日替わりでできるだけ手をかけ、愛情をこめてつくるべきだと教え込まれたのである。戦中戦後という日常が脅かされる時代に育った彼女たちにとって、親は手本にしにくかった。都会に出てきた女性たちも、故郷とまるで違う主婦生活で、頼りにできるのはメディアだった。

この頃、メディアを介して広まり定着したのが、ハンバーグ、ぎょうざ、ロールキャベツ、オムライス、コロッケといった昭和飯である。昭和飯とは、昭和に広まって定着した洋食、中華を指す私の造語で、つくるのに手間がかかる特徴がある。もともと洋食店の料理だった洋食、中国で特別な日に食べるぎょうざも、昭和の日本では日常の惣菜に仲間入りした。それはこの頃、主婦の役割をまっとうしようと、はりきった専業主婦たちがいたことが大きい。

家事は格段にラクになっていた。台所でガスを使えるということは、かまどの火のようにつききりで番をする必要がないということだ。水道が完備されているということは、水くみという重労働から解放されることだ。そして家電。何といってもありがたかったのが、洗濯機の誕生だ。それまで女性たちは、洗濯板を使って衣類一つ一つをゴシゴシこすり、汚れを落とさなければならなかった。水を吸った衣類を持って川や井戸端と往復するのも重くて大変だ。しかし、水道と洗濯機があれば、スイッチ一つで洗濯ができる。

また、子どもの数も一家に四〜五人から、二〜三人と半減したので子育ての手間がへり、子どもの数だけ家事の量もへった。

主婦たちはその前の時代の主婦たちと比べて、ずいぶん時間ができたのである。すると、彼女たちは一つ一つの家事に手間をかけるようになった。それは彼女たちが、夫と対等に役割を分担して家事を仕事として引き受けた、というプロ意識を持っていたからかもしれない。

もう一つ考えられる理由は、それが楽しかったことだ。手間をかけて料理をつくる。子どもの洋服を縫う。掃除や洗濯も毎日する。家電などの新しい道具に囲まれ、誰からも指示されず自由に行う家事は、充実感があったのではないだろうか。


しかし、家事が喜びである期間は短い。何しろ環境を整えることが中心の家事は、なされていることがすぐ当たり前になる。新婚の妻が台所に立っている姿を大喜びしたかもしれない新郎は、すぐにその生活に慣れ、食卓に妻が工夫した料理が並ぶことも、部屋が清潔なことも、いつでも着られる洋服が用意されていることも、当たり前と受け止めるようになる。その環境を整える手間を知らなければなおさらだ。

同じく、物心ついたときから、母親が家の中でいろいろ働く姿を見て育ったはずの子どもたちも、母親の大変さに無頓着だ。ただ、子どもたちはやがて、母親の苦労をうかがい知るようになるかもしれない。家にいる時間が長く、母親に頼る割合も高いからだ。

子どもが家事の苦労に気がつくのは、母親が大変さを口にするからかもしれない。私は小学校二年生のとき、母親を助ける空想上の「洗濯マン」というヒーローを考案した。それは母親が洗濯をめんどうだとグチっていたからだ。一〇代になると、「今日の夕飯は何にしよう。あんたたち、何食べたい？」とよく聞かれた。それは献立を考えるのがめんどうになっていたからだろう。あの頃、生活に疲れていた母親は同じような献立をよく並べた。冬は毎週末、水炊きだった。母親が料理に手間をかけていたのは、私が小学校低学年までだ。

その頃、母は小麦粉とバター、牛乳でホワイトソースをつくり、具材を加えて丸めたのち、衣をつけて揚げるというとても手間がかかるクリームコロッケに何度も挑戦した。うまくできた日は「今日は爆発しなかったわ」と満足そうだった。グラタンもクリームシチューもよく食卓に上った。あの頃、母は、だまになったり焦げついたり、と失敗しやすいホワイトソースづくりにハマっていたらしい。それは当時のブームでもあったようで、その頃の『きょうの料理』テキスト（ＮＨＫ出版）には、ホワイトソースのつくり方がくり返し紹介されている。

「かいがいしい母親」イメージの刷り込み

一九七三（昭和四八）年に起きたオイルショックで高度経済成長期が終わると、働きに出る主婦がふえる。妻たちがていねいに家事をしていたおかげで心地よく暮らしていた夫たちは、仕事に出る妻に「家のことに支障がないようにする」と約束させた。彼女の働きは家計の助けになるというのに、仕事をするからといって彼女の一日が二四時間以上になることはないというのに、夫たちは妻の家庭での負担をへらしてやろうとは考えなかったのである。

もちろん中には、家事を行う夫もいて、そういう夫は感謝されただろう。仕事の苦労を妻が知ることも加わって夫婦仲がよくなり、子どもたちも父親を介して母親の大変さを知り感謝したかもしれない。家族は協力し合って家庭を営むものだと思うようになったかもしれない。しかし多くの場合、母親の補助的な仕事は家庭でも職場でも評価されなかった。

家事に割ける時間が短くなると、妻たちは少しずつ手を抜くようになる。掃除や洗濯の回数をへらす、あるいは子どもにある程度任せるか、料理の手を抜くかもしれない。時短料理が流行り、惣菜が売れるようになる。手間がかかる昭和飯は、冷凍食品など加工食品を使ってつくったかもしれない。

コンビニや持ち帰り弁当店など惣菜の選択肢がふえていくのは、一九八〇年代である。ファミリーレストランやファストフード店、中華料理店がふえるのもこの時代で、外食が日常化していく。週末の家族での外食は、毎日忙しいお母さんをねぎらう日でもあることを、子どもたちは知っていた。

現実の母親はだんだん手を抜くようになっていくが、その頃育った子どもたちには、仕事をセーブして家にいて、かいがいしくていねいな家事をする幼い頃の母親の姿が記憶に深く刻まれている。そうして、自らも大人になったときにその生活を実践しようとする。

平成になって働き始めた女性たちの多くは、自分が育ったときと同じ暮らしを維持するために、あるいは自分を必要としてくれる家族のために、あまり必要としてくれなかった職場から撤退した。そうして、母と同じように子育てにいそしんだ。そういった主婦の姿が、平成に育った女性たちの胸にも刻まれている。仕事を持つ彼女たちが、昭和の専業主婦のように家事をするべき、と考えるのは、そうしなければ自分の心に棲まわせた母親が認めてくれないからかもしれない。

「手に職」に憧れた母親たち

「手に職」という呪文

専業主婦の割合が最も多かったのは、一九七五（昭和五〇）年である。働く既婚女性がふえ始めた大きなきっかけは、一九七三年に起こったオイルショックで低成長期に入り、夫の給料が伸び悩むようになったことである。進学率が上がり子どもの教育費もかかるようになった。また、ウーマンリブの影響で、男性と対等に働きたいと望む女性もふえていた。

しかし、彼女たちは社会で女性差別の壁にぶつかる。高度経済成長期後半にも働く女性はふえ始めていたが、正社員になるのは難しかったし、低成長期にはもっと難しくなった。企業は、子育て中の女性が長時間労働しづらいことに対応して、短時間勤務で時給が安いパートタイム労働者として彼女たちを雇ったからである。

女性たちは、男性と同じように自活できる仕事を得るには、有能さを証明できる専門技術が必要と痛感した。そして、娘に自分の二の舞をさせまいと、「手に職をつけなさい」という呪文をくり返し唱えるようになる。

私の母は大学時代、姉たちが必須と考えていた教員免許を取らなかったことで就職に苦労し、せっかくの学歴を存分に生かす仕事ができなかった。私が中学生になってからパートに出るようになったが、書店や図書館、ブライダルサービスなどの職場で、自己主張が強い面や頭がキレるところが出ると煙たがられる、という悔しさも味わっていた。

唯一能力を生かせたのは、結婚で関西に移り住み、外資系の製薬会社で働いた数年間だろう。そのときはコンピュータの導入にあたってプロジェクトリーダーをしていたらしい。しかし、そんな活躍も出産後の子どもの預け先がなかったことから終わってしまう。もしあの頃、保育園が近くにあって、母が働き続けることができれば、能力を存分に使えて自分自身の生活も忙しくなっただろうから、娘に身代わりを求めることはなかったかもしれない。そのかわり私たち姉妹は公立中学へ進学し、別の人生を歩んだかもしれないが。

母が社会に出た一九六〇年代は、女子社員の若年定年制がまかり通っていた時代であり、私たち娘が生まれ育った一九七〇年代は、まだまだ保育園が充実している時代ではなかった。そもそも「子どもを預けてまで」働くことに対して風当たりが強かったし、留守宅に帰る「かぎっ子」も、周囲から「かわいそう」と同情された。そして教師、看護師などの資格職でなければ、女性の就職、転職、再就職は困難だったのである。

母は、祖母から「あんたは大学まで行かせたのに、なんもならん」と嫌味を言われていたそうだ。明治末期に生まれた祖母は、女学校へ行きたかったのに「女が学校へ行って何になる」と親から却下されていた。娘の中で最も学歴が高い母への期待は大きかったのだろう。祖母、母と続いた、自分の可能性を開けなかった恨みは、娘にぶつけられたが、本当は男社会へと向けられるべきだった。

母は私に、自戒を込めてくり返し「手に職をつけなさい」と連発した。また、祖父からくり返し言われてきたという「働かざる者食うべからず」という言葉も連発し、女性といえども存分に学んで仕事を続けるべきだと語っていた。それは自分が大学まで進学させてもらったからだろう。「手に職」の呪文は、パートに出ては結局辞めることをくり返す母の行動によって、私の心に深く刻まれた。母の世代で四年制大学卒の女子は二・五パーセント前後しかいないが、その貴重な資格も、専門性がなければ役に立たないばかりか、むしろ女性の場合は不利に働くこと、能力を生かす場がないことはつらいことなどが、母を見ているとよくわかったからだ。母は、祖母と同じように、あるいは祖母以上に、娘の私に期待したのかもしれない。

中学生のとき、忘れられない場面に出合った。薬剤師として働く私のいとこが遊びに来ていて、何の流れか、「女は損」と母と二人で語り合っているのが聞こえたのである。キャリアウーマンに見えたいとこのお姉さんですら差別されている、ということは心に深く残り、「私は、女に生まれてよかったと思える仕事をしたい」と強く望むようになった。

そもそも私が「手に職」を、母に言われたからではなく、自分のこととして真剣に考えるようになったきっかけは、そのいとこにあった。わが家では毎年夏、母の実家に帰省する際、必ず伯母の家に寄って数日滞在した。いとこは伯母の娘で、その頃大学生だった。

一九七〇年代終わりのその年、いつものようにいとこの部屋に入ると、彼女は不在でベッドの上に『クロワッサン』が置かれていた。中を見ると、何だかわからない肩書の女性たちが、コメントしている記事がある。インタビューといえば芸能人のものぐらいしか知らなかった私は、謎の職業の女性たちが堂々と社会的な発言をしている誌面に驚き、「将来は私も『クロワッサン』にインタビューされる人になる！」と決めたのだ。そのためには、母の言う「手に職」をつけ、何らかの肩書を手に入れないといけない。幸い、私には「物書きになる」という夢があった。

大人になると、「手に職をつけなさい」と言われて育った娘は、私だけではなかったことを知る。母親の呪文が功を奏して専門職に就いている女性もいれば、そうでない人もいた。教えを守っている人は、若い頃からやりたい仕事が具体的に見えていた人が中心だ。

私の場合、学校で学ぶ文章というジャンルに興味を持ち、授業の中でも訓練の機会や能力を確かめる機会を持てたので運がよかった。しかし、学校で接するジャンルで際立って興味を持てる分野がなく、生活の中でも自覚できるほど好きで職業に結びつくようなものに出合えなかった場合、「手に職」と言われても、何をすればいいのかわからない。

私が二〇代の頃はリクルート社の雑誌『ケイコとマナブ』が全盛期で、資格を取って、あるいは何らかの技術を身につけて、転職に成功した女性の話が誌面にあふれていた。しかし、ばくぜんと「役に立ちそう」と思って取っただけの資格は、生かすことが難しい。資格があることと、それを実際に仕事に生かすこととは別のことだからだ。

女性の本業は主婦業なのか

専業主婦の母親たちに、憧れの「手に職」の実態は理解しがたい。数年間の一般職やパートの経験しかない、あるいはまったく働いたことがない彼女たちに、本職としての責任を背負って続ける仕事の大変さは想像の外にある。生活費のベースは夫が稼いでくれるお金があるため、自分および家族の経済を支える大変さも知らない。

だから、娘たちが晴れて働く女性になっても、主婦の自分と同じレベルの家事を要求する。「もっとちゃんと片づけなさい。散らかしっぱなしじゃない」「子どもたちにもっと構ってやりなさい」「保育園へ預けるなんてかわいそう」「将来を考えれば私立へやったほうがいいんじゃない？」「だんなさんにもっと優しくしなさい」「仕事ばっかりしていないで、もう少し家にいてやったら」といった小言をくり返す。彼女たちが考える娘の仕事は、家族のために後回しにして辞めたりさぼったりできる趣味でしかない。「手に職」をと娘に望んだくせに、本心では女性の本業は主婦業だと信じているのだ。

家庭を優先させたければ、パートで働くか仕事を辞めるしかなく、「手に職」を生かすことが難しいのは、ここが日本だからでもある。日本の企業は持てる時間のほとんどを仕事に捧げるよう求めていることが多く、だらだら残業する人や終業後に上司と飲みに行く人のほうが、さまざまな工夫をして短時間勤務でも滞りなく仕事を片づけるワーキングマザーよりも、高く評価される傾向があるからだ。

そういう職場で、女性というハンデを持つ人が、「手に職」を生かして生き残ろうと思えば、男性以上に働く必要がある。

だから日本の女性たちは、家庭を優先させて低所得で成長の手ごたえを得にくい仕事を選ぶか、能力を生かすために人並み以上に働くが家庭は後回しにするか、あるいは夫や子どもを持たないかになってしまう。そんな苦渋の選択も、母親たちには、大切な家族の人生と生活がかかった家庭の現場に比べれば、遊びにしか見えないのかもしれない。

娘たちに仕事をしてほしいと言いながら、しかし、結婚して子どもを産み育てることを最優先すべきだと信じこんでいる母親たちの要求は、アンビバレンツである。子孫が欲しいという本能的な欲求に、相手の立場を考えるという理性的な思考が負けている。

問題は、母親が娘に無理な要求をくり返し、ママハラをすることだ。母の命令が絶対だった時代があるから、娘には母の無茶ぶりを聞き流すことは難しい。母にとっての「いい子」でありたい、認めてもらいたい。母を理想の女性と心のどこかで認めている娘は、適当にいなし反論しながら、しかし、専業主婦の母親のように家庭に手が回らない自分に引け目を感じてしまう。あるいは、彼女はとうの昔に両立は困難、と仕事から撤退しているかもしれない。

ツケは孫世代に回った。ミレニアル世代は、自分の母親が取り組まなかった家事の省力化と夫婦シェアを実現するため、闘わなければならない羽目に陥っている。

娘に仕事を辞めさせたのは自分かもしれない。娘や孫が働くことに罪悪感を負わせているのは自分かもしれない。そのことに気がついている人は、どれほどいるのだろう。

ママハラを行う母親たちは、自分が娘の可能性を奪い、自分の言葉が娘を不幸にしてきたことに気がついていない。そして、娘の生活に土足で踏み込んでいることにも無頓着だ。「親心」だと思って言っている小言は、よけいなお世話である。

独り暮らしも含め、独立して別の暮らしを持っている娘のライフスタイルに踏み込んだ小言は、言ってみれば他国に領空侵犯しているのと同じである。あるいは娘の生活を植民地化している。親だからといって何をしてもいいわけではない。領土を脅かす声には、はっきりとＮＯを言おう。

注3　OECD調査「Educational Opportunity for All:Overcoming Inequality throughout the Life Course 2017」。読売新聞オンライン2018年10月17日記事より。

注4　「平成29年度　都道府県労働局雇用環境・均等部（室）での法施行状況」では、「婚姻、妊娠・出産等を理由とする不利益取扱い」の相談が2016年度（平成28年度）に5933件、「妊娠・出産等に関するハラスメント」が1411件ある。

注5　『社会学評論52』に掲載された論文、『戦間期の東京における新中間層と「女中」』（牛島千尋）で国勢調査をもとに作成された表より。俸給生活者を中心とする新中間層比率は全国で1920年に5・7%、1930年に7・6%。

母娘をとりまく社会

前章では、生活の現場に寄り添って、なぜ母と娘が対立し母が抑圧的にふるまってしまうのかを考えた。すると、プライベートな関係が実は、社会を色濃く反映していることが浮かび上がってきた。そこで本章では、背景にある社会の側に目を向け、女性が生きづらくなる原因を探っていく。取り上げるトピックは、専業主婦が多く住む郊外、父との関係や企業社会、学校や女性同士の関係である。つまり、女性が育ち、暮らす現場だ。やがて、この国でなぜ、女性の地位が低く苦しむことが多いのかが見えてくるだろう。

憧れを叶えた昭和家族

広島県北部の山村で６月に行われる花田植えの行事。ユネスコの無形文化遺産、国の重要無形民俗文化財にもなっている

母の生い立ち

本節では再びわが家を手がかりに、昭和の典型的な家族がどのようにつくられたのかを考えてみたい。

私の母は一九三九（昭和一四）年、自給自足がベースの広島県の山村で生まれた。一一人きょうだいの九人目だったため、名前のアイデアに困っていた祖母の代わりに、その後半分母親役を務める長姉の伯母が命名した。

母の幼少期の思い出話は、楽しさに満ちている。新しい洋服をおろして家族で初詣でをする正月。梅が咲き、サクラもつぼみになった四月三日、原っぱの木に万国旗を渡らせ、すしや煮しめが入った重箱詰めの弁当を広げる子どもだけのひな祭り。早乙女の衣装を着た女性たちが田んぼに入り、男たちが鳴らす太鼓をバックに歌いながら作業する花田植え。その行事は「さんばいさん」と呼ばれていて、朴葉で包んだきなこのおにぎりを食べられたこと。

　山菜やきのこを採りに山に入る。田んぼの草取りを手伝う。行事のたびにつくる押しずしの作業を手伝う。家族総出で行った秋の稲刈り。子どもが親を手伝うのが当たり前だった村では、ハレの日の楽しみもあった。秋祭りに夜通し続く神楽を眺め、祭りの夜は異なる集落の同級生と泊まりっこをする。次兄の結婚披露宴は、三日三晩も続いた。

　私は、家族の話を軸に食の戦後史を描いた『うちのご飯の60年』（筑摩書房、二〇〇九年）のための聞き取りで、母からこうした思い出を聞いた。六〇代後半だった母の記憶は細かいところまで鮮やかで、故郷と家族に守られていたこの時代が、一番幸せだったと聞こえた。もしかすると、母の時間はそこで止まったままだったのかもしれない。

　参考のために写真も見せてもらった。裏にメモがある小さなサイズのモノクロプリントである。肌が黒っぽく、いかにも田舎の子といった風情の小学生時代。雑誌のグラビアを参考にしたのだろう。友だちと一緒に、野原でポーズを取る中学生時代のものもある。どの写真にも、素朴だが幸せそうな少女が写っていた。

　子ども時代の母は、豊かな自然と共同体に守られていた。年中行事の運営は村の人々が行う。田植えや稲刈りなど人手が必要な農作業には、親せきや村の人も集まる。家が式場となる冠婚葬祭では、台所に近所の人たちが入って料理する。水利権など農業に関わる決めごともある。四季折々に姿を変え、遊び場と恵みの食べものを提供する周りの自然も暮らしを守る。

　村の人たちは近所に住んでいるだけでなく、生活を支え助け合う仲間でもある。だからしょっちゅう行き来があり、家族の事情などお互いの生活も把握している。しかも近所づき合いが監視のシステムとして利用された、あの戦争の後である。プライバシーがまるでない共同体のわずらわしさを嫌って母の長姉は村を出、広島市で働いた後に結婚して都会で暮らした。

都会へ出た者たちの孤独

母が村を出たのは一九五五（昭和三〇）年、広島市にあるキリスト教系の私立女子高校に進学するためだった。この年、全国の都市部を含めた高校進学率は五一・五パーセントと低かった。同級生たちのほとんどは、集団就職で兵庫県姫路市や大阪府堺市の織物工場へ向かっている。母が進学できたのは、精米業を営んでいた祖父が戦後、復興需要をにらんで材木商に転換し、一財産築いていたおかげだった。

高度経済成長が始まった都会は、仕事を求めて集まってくる人たちで膨張していく。企業が大きくなって従業員がふえれば、彼らを客とする生活必需品を扱う商店街も忙しくなる。今では行きかう人が少なくなった商店街の通りは、買いもの客で連日お祭りみたいにごった返していた。

深刻な人手不足に陥った商店や町工場が、まとめて地方の若者を呼び込んだのが、集団就職だ。首都圏・中京圏・関西圏に全国から中卒者を中心に集め、一九五一（昭和二六）年頃から一九七六（昭和五一）年頃まで続いている。

若者たちは「金の卵」ともてはやされたが、現実の職場で歓待されたとは限らなかった。『集団就職』（澤宮優、弦書房、二〇一七年）によれば、「実際に就職してみて、事前に聞いていた労働条件と違った、会社が今で言うブラック企業であった、仕事の他にもよそから来る者への冷たさ、これらが絡み合って、いつしか職場から姿を消してしまう」という例はたくさんあった。

「金の卵」たちのその後をていねいに描いたのが、二〇一七（平成二九）年に放送された朝の連続テレビ小説（朝ドラ）の『ひよっこ』（ＮＨＫ）である。

茨城県の農村で育った主人公の谷田部みね子（有村架純）は高校卒業後、集団就職列車に乗って上京。仲よしの助川時子（佐久間由衣）と一緒に、トランジスタラジオをつくる工場に就職する。もう一人の幼なじみ、角谷三男（泉澤祐希）は米屋に雇われる。みね子と時子は、東北から来た同僚たちと仲よくなり、社員寮と食堂がある工場の生活になじんでいく。

三男が入った米屋では、店主の父親と一人娘が対立しており、三男は両者の板挟みになって苦しい時期を送る。みね子たちが働く工場は、東京オリンピックの翌年に襲った不況のあおりを受けて閉鎖され、全員失業。同僚たちは会社のサポートもあって新しい就職先を見つけるが、みね子はなかなか再就職先が決まらず、最終的に縁あって世話になった洋食店でウエイトレスとして働き始める。

地元で家の農業と家事を手伝う予定だったみね子が就職したのは、ビル建設現場で働くために上京していた父親が行方不明になったからだ。祖父を含め六人家族の谷田部家は、家計が厳しい。父の収入がなくなり、長女のみね子に働く必要ができたのである。出稼ぎ者の蒸発は珍しくないため警察も捜索に本腰を入れず、父の行方はなかなかつかめなかった。

温かい人間関係を中心に描かれた上京物語の背後に、よそ者が都会で安定した職を求める難しさや、仲間を持てないまま姿を消す地方出身者の存在を感じさせるドラマである。裏にあるのは、故郷という根っこから切り離された人々の孤独である。

この時代、集団就職や出稼ぎだけでなく、仕事や進学、結婚などのため都会に出た人は本当に多かった。頼れる仲間を持つ人より、ゼロから生活を築いていかなければならない人のほうが多かっただろう。言葉も生活習慣も何もかもが違う都会暮らしになじむのは、大変だったはずだ。戦争に負け、焼け野原から再出発した日本の都会は、孤独を背負った大勢の上京者たちに支えられて急成長を遂げていく。

母と父の物語

広島市へ出た私の母は、旅館を営む長兄の家に下宿する。戦地へも行った大正生まれの兄とは、一緒に過ごした思い出がほとんどなかった。また、いつも家族そろって食事をした実家と異なり、都会の接客業で忙しい家族の食事時間はバラバラだった。なじめない生活をする中で、感化されてキリスト教の道に入る。この時代、地方出身者を集めた創価学会も成長している。宗教は、都会生活に飛び込んだ人たちの、心のよりどころになったのである。

母はエスカレーター式に上の大学へ進学。サークル活動に明け暮れ教職を取りそこねた結果、就職先を見つけるのに苦労する。何しろ母が入学した年、四年制の大学に入った女性はわずか二・三パーセント。優秀だったはずなのに、とうが立っていて生意気、と大卒の女性は敬遠されたのだ。何とか病院職員の仕事を見つけたものの、正規採用ではなかったため、先行きには不安があった。そんな折、教会で知り合った男性と結婚することになる。

やがて私の父となるその男性は関西出身、会社の転勤で広島市に来ていた。父は、大阪のサラリーマンを経てささやかな商売を営む父親と、専業主婦の母親のもとで、三人兄弟の長男として育つ。一方、母の両親は、山村で商売のかたわら自家消費用のコメや野菜を育てていた。まるで異なる環境で育った二人の結婚は、どちらの両親からも反対される。親が知らないところで出会った二人が結婚するなど、明治生まれの祖父母たちには考えられなかったのである。

親たちの反対を押し切って両親が結婚したのは一九六四（昭和三九）年。一九六〇年代後半には、恋愛結婚の数が見合い結婚を上回って多数派となっていく。

一九三七（昭和一二）年に兵庫県西宮市で生まれた父は、家が郊外にあったため空襲こそまぬがれたが、戦中戦後は食べものが乏しい生活を送った。祖母は配給を待つ長い行列に並ぶ疲れで、四人目の初めての娘を流産している。父は祖父について、奈良県の田舎まで親せきを頼り買い出しに行った。祖母の着物や祖父の書物は、たまのごちそうの牛肉のすき焼き、クジラ肉のハリハリ鍋などになって消えていった。

山村での楽しい思い出を教えてくれた母と異なり、都会育ちの父の少年時代は厳しい世相を反映させた苦しいものである。生い立ちが大きく異なる二人は互いにひかれ合い、母は知らない都会生活へ飛び込んでいく。大学まで進んだものの、はしごを外されたかのように将来が見えなくなっていた母にとって、田舎に戻って見合い結婚するより、思い切って未知の都会生活をしたほうが、開けた未来があるように思えたのかもしれない。

結婚した二人は、父の実家の近くの木造アパートで新婚生活を始めた。「家つき、カーつき、ババア抜き」という言葉がはやった頃で、同居は双方とも望まなかった。

当時、両親のように夫婦だけで世帯を持ち、子どもを育てる核家族はふえていた。この頃都会

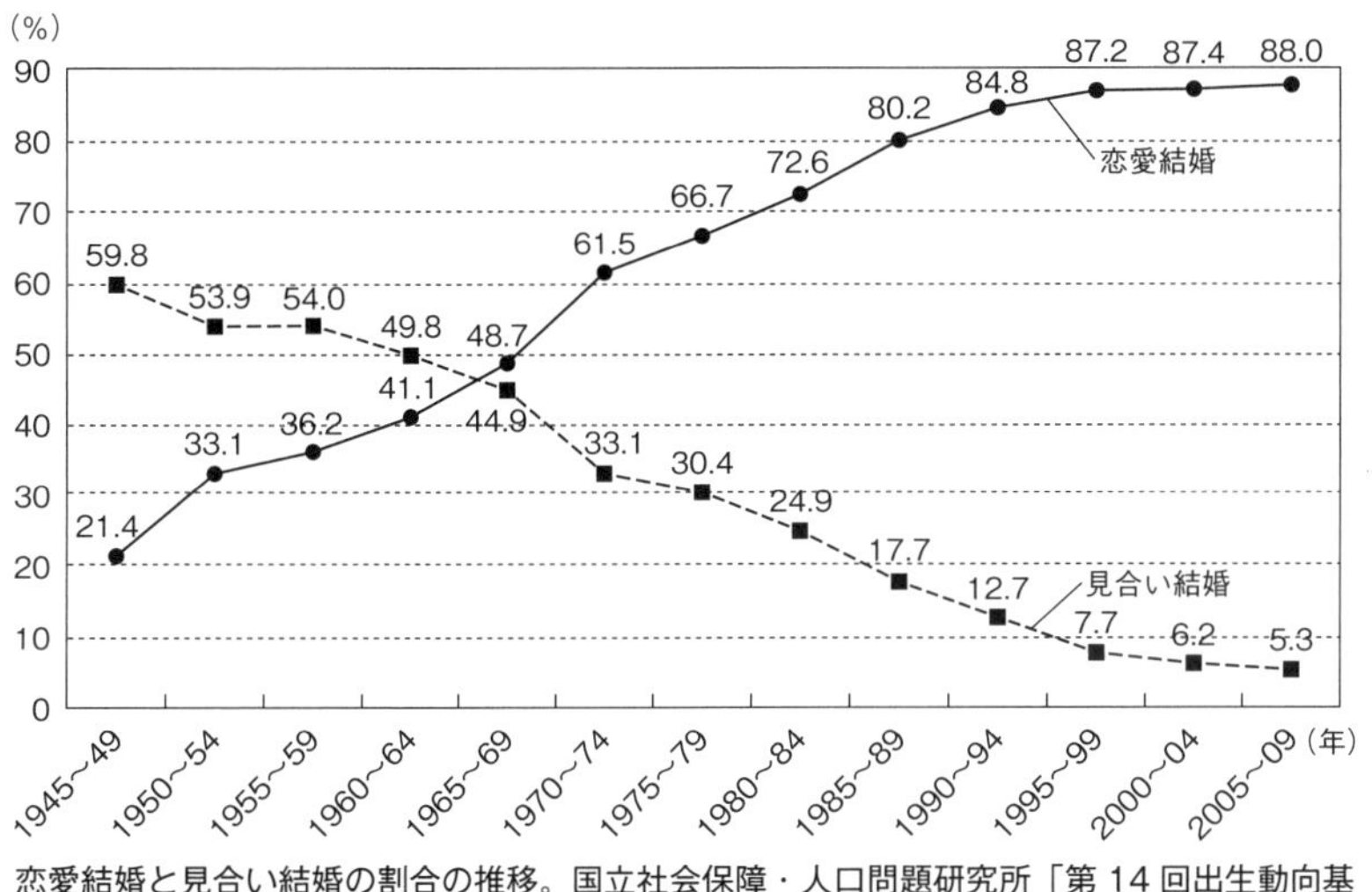

恋愛結婚と見合い結婚の割合の推移。国立社会保障・人口問題研究所「第14回出生動向基本調査（夫婦調査）」（2010年）による

に移り住んだ若者たちの多くは、農家などの次男三男だった。彼らは両親を長男に任せて出てきているので、必然的に核家族となる。

婿のもらい手がなければ生涯独身も珍しくなかった農家の次男三男が、都会に出て所帯を持つことができたのは、経済が成長して生活が安定する将来を信じることができたからである。

企業に正社員の職を得て、家族を養う給料をもらっていた男性は、妻に専業主婦になることを望んだ。共働きする女性もいたが、やはり妊娠・出産を機会に辞める人は多かった。保育園は少なかったし育児休業制度もなかった。

何より、女性は結婚前の腰かけとして働くものという偏見が強く、企業は女性を戦力とはみなさなかった。それよりも、家事や子育てに専念し、夫になった社員の男性をいたわり、働く活力を得る場を整えてほしい、と企業側も願っていたのである。

故郷の習慣をよりどころにして、結婚したら家を持つものと思っていた母は、住宅資金を貯めるため仕事を探し始める。

折よく、大阪の外資系企業が社員募集をしている新聞広告を見つけた。経済成長が著しいため企業は人手不足で、女性も雇うようになっていたのである。[注6] 既婚女性の母が職を得られたのは、その会社が外資系で、母に英文科卒の学歴があったからかもしれない。広島市では大学卒の学歴は不利に働いたが、一九七〇（昭和四五）年開催の大阪万国博覧会に向けて活気があった大都市の大阪では役に立ったのである。

母は、コンピュータシステムを導入しようという職場で、システムづくりのチーフを担う。やりがいはあったが、三〇歳が視野に入ってくると、子どもが欲しくなり始めた。そうして二八歳で妊娠。

上司は「お子さんを産んだら戻っていらっしゃい」と温かく言ってくれた。その声を励みに姑に生まれる子の世話を頼みに行くと、「他人の子は面倒みられません」と断られて出産退職している。もともと反対されて結婚したせいか、母は姑と折り合いが悪かった。祖母は当時、祖父を亡くしたばかりでもあった。

そのとき生まれたのが私である。もし母が祖母と仲よくできていれば、私たち母娘は違った人生を歩んだかもしれない。

昭和家族の誕生

両親のように、父親がサラリーマンになって家族を養い、母親が家事と育児を中心にこなす主婦になって、子どもを育てる家庭はこの頃多数派になっていた。[注7] 農家など家業がある家では、子どもが労働力としてアテにされてきたが、サラリーマンの家庭では子どもは遊びと勉強中心に暮らし、あまり手伝いもしなくなっていく。

家業では人手が求められるが、父親が職場まで出かける生活になると、子どもの労働力は必要ないからだ。家電が普及するなど便利になったこともあり、家事も母親が一人でまかなえるようになっていた。

こういう昭和にふえた核家族は、「標準家庭」と新聞などが呼ぶほか、家族社会学では「近代家族」と呼ぶ。近代家族の場合、夫婦が愛情で結ばれているという建前も重要である。愛を理由に、妻は家族に尽くすことが求められるからだ。

しかし、昭和後半には多数派だったこの家族形態は、平成を通じて子どもがいない夫婦やシングルがふえたことで、存在感が弱まっていく。厚生労働省の「平成28年国民生活基礎調査」によると、二〇一六年には、核家族、夫婦のみ、シングルの世帯がそれぞれ二九・五パーセント、二三・七パーセント、二六・九パーセントとさほど違いがない割合になっている。こうなると、「標準」という言葉はもはや当てはまらない。

近代家族は学問用語としては定着しているが、一般ではあまり知られていない。そして「近代」という言葉は戦前をイメージさせるので、やはりしっくりこない。

そこで、この家族形態が一般化した昭和後期のイメージを結びつけ、本書では「昭和家族」と呼びたい。それは、父が仕事、母が家事・育児、子どもが学業・遊びという役割に専念する分業体制の家族である。

昭和家族が成り立ったのは、企業が男性に家族を養える給料を払えたからである。こうして妻が支える家庭を持つ男性が、企業を支えるしくみができていく。昭和家族の夫が社員であることを前提とする企業と、彼の家庭を含んだ社会全体のシステムは、「昭和フォーマット」と呼ぶことにしたい。

郊外の専業主婦

郊外の小さな共同体

昭和家族が集まった郊外は、人のつながりが希薄な地域である。ここでは、そのことが家族にどんな影響を与えるのかを考えてみよう。

一九六八（昭和四三）年に私が生まれると、木造アパートの1DKの部屋は手狭になる。そこで、父が折り込みチラシで新築マンションの広告を見つけてきた。

母の目標はあくまで一戸建てだったが、「とりあえずはマンションから」という父の言葉に同意し、引っ越すことにした。父の実家から電車を乗り継いで一時間ほどのその町で、私が四歳になる前に妹が生まれ、3DKのそのマンションもやがて手狭になるだろう、と両親は考える。母が「地面に足がつかないマンション暮らしは、もう耐えられない」と訴えたこともあり、少ない自己資金でも建てられる家を見つけて、新しい土地へ移っていく。

宅地開発が始まったその地域は、大阪への通勤が一時間程度と便利だった。一階だけで七つも部屋がある家で育った母には、三三坪の敷地は狭すぎるように思えたが、予算内に収まる広めの物件は、バスを使うなど不便なところにしかなかった。

私が小学校一年生になるまで暮らしたマンションにいた頃、母は何人かの友人を得ている。隣の老夫婦とは、私が毎日入り浸れるほど親しくなったし、母がほかの人の家にも連れて行ってくれた。私が仲よしの友だちを家に連れてきて、一緒に夕ご飯を食べたこともある。マンションには、私と同年代の子どもが大勢住んでいた。

マンションの前のガレージで、母が井戸端会議に花を咲かせていたのも見ている。昭和のこの時期は専業主婦が多く、ヒマな日中に情報交換をする主婦仲間たちによって、地域のつながりは保たれていた。地域が密接にかかわる時代に育った主婦たちも、気さくに世間話をするコミュニケーション能力を持つ人が多い。

子どもがたくさんいた時代で、人のつながりはつくりやすかった。時間に余裕がある主婦と子どもたちによって、人の出入りが激しい時代にも、何とか共同体らしきものがつくられていたと言えるかもしれない。

マンションでは、通路やガレージが主婦のたまり場であると同時に子どもの遊び場で、大勢が行き来していた。そこから、一〇軒の家が向かい合う袋小路の一軒に引っ越すと、急に世界が狭くなったように感じられた。

マンションが建っていた町は、戦前に開発された駅近くの住宅街で、落ち着いたたたずまいと都会の雰囲気を持っていた。しかし、私たちが引っ越した頃にまだ開発途中だった新しい町は、同じ郊外とはいえ、農地と空き地に囲まれ雑然とした雰囲気の町だった。駅から遠いこともあり、前の町で安心して暮らしていた子どもの私には、何となくさびしい場所のように感じられた。

二六歳で家を出るまで約二〇年もこの新しい町で暮らしたが、近所の人たちが、どこの出身でどういう経緯でここに来たのか私は知らない。持ち家に住むと引っ越しが難しいので、人づき合いにも用心深くなるのかもしれない。

郊外は、知らない者同士が隣り合って住む地域である。お互いの両親も、子どもの頃のことも知らないのが当たり前。夫たちの仕事も地元とは関係がない人が多い。何世代にも渡るつながりとしがらみがある村とは、暮らし方がまるで違うのである。


小学校一年生の冬、私は同級生から転校生としての洗礼を受けた。まず、同じクラスの色が白くてかわいいUちゃんが、「あのね、Nさんにプレゼントをあげてほしいの」と話しかけてきた。意味がわからなかった私が「なんで？　あげる理由がない」と断ると、翌日からNさんと仲よしのKさんからいじめられるようになった。

近くに住んでいたKさんに誘われ、一緒に帰る。どういう経緯だったか、私の筆箱を開けた彼女は、片っ端から鉛筆を側溝に流し始めた。最初の数日、家が近いので一緒に通学してくれたOくんを、私が好きだ、とクラス中に触れ回る。いじめがつらくて、数少ない近所の同級生とも遊べなくなった。

Nさんはおそらく、クラスの女子を牛耳るボスだったのだと思う。子どもは大人たちの言動を真似する。村だったその地域では、大人社会にもなわ張りがあったのかもしれない。そこへ宅地開発が始まり、新参者がどんどん入ってくる。なわ張りは崩され、自分のポジションを守ろうと戦う人も出てくる。

こんなこともあった。仲よくなった子と遊ぶ約束をして別れた後、待ち合わせ場所を決めていなかったことに気がついたので、連絡網を見て電話をかけた。彼女の下の名前を覚えていなかった私は、応対に出たおばさんに、「小学校のお友だちで電話をしました。一年生のYさん、いますか？」と言ったが、おばさんは「うちにはそんな子はいません」と言い切る。ショックでドキドキしながら、「でも連絡網を見て電話をしているんですけど」と食い下がると、うるさそうに切られてしまった。

あの頃は各家庭に電話が普及したばかりの頃だった。電話は緊急の大事な用事に使うもので、子どもが遊びで使うなんてもってのほか。そんなふうにおばさんは思っていたのかもしれない。それ以来、私はよそへ電話をかけるのが怖くなった。

そんなふうに開発されたばかりの郊外は、田舎と都会、共同体と新参者がぶつかり合う土地だった。大量にやってきたよそ者たちは、まっさらな土地に家を建てただけで、その場所が昔何だったのかも知らない。地元に思い入れもなければ、仲間に入れてもらう意識もない。もともとの共同体に新参者は混ざらないまま、年月が経っていく。

郊外住宅地の誕生

日本で郊外住宅地が生まれたのは、人の行き来が自由になり、都市に流入する人がふえた明治以降である。東京より先に、関東平野の一〇分の一弱と面積が狭く、すぐ人口過密になった大阪周辺に郊外住宅地ができた。私が育った阪神間は、一九〇五（明治三八）年の神戸—大阪間開通を皮切りに阪神電鉄が路線を延ばし、一九二〇（大正九）年に阪急が神戸線を開通させたのち、発展していった地域である。

東京では京急電鉄が一九〇五年に川崎—神奈川間、西武鉄道が一九一五（大正四）年に池袋—

飯能間、東急電鉄が一九二三（大正一二）年に目黒―蒲田間、小田急電鉄が一九二七（昭和二）年に新宿―小田原間を開通させるなどした後に郊外住宅地が発達した。郊外への転居が一気に進んだのは、一九二三年に起きた関東大震災がきっかけである。

都市への人口流入が急拡大した高度経済成長期、郊外の範囲はさらに拡大する。

地方から出てきた若者たちは、家族をつくるとよりよい環境を求めて郊外へ移り住む。人も工場も多く集まる都市部は、子どもがのびのびと遊べる場所が限られており、公害もひどかったからだ。また、国が持ち家政策を奨励していたが、会社員の経済力から考えると家を買うのは郊外となるのが、自然な流れだった。

大都市周辺では、大規模ニュータウンの構想が次々と立ち上がった。最初に生まれた千里ニュータウンは、一九六二（昭和三七）年から入居が始まっている。名古屋市郊外の春日井市の高蔵寺ニュータウンに入居が始まったのが、一九六八（昭和四三）年。高畑勲監督が撮ったアニメ映画『平成狸合戦ぽんぽこ』の舞台になった多摩ニュータウンの入居が始まったのが、一九七一（昭和四六）年である。

大量の地方出身者を住まわせるため、農村や原野を切り開いて建設されたニュータウンは、住むためだけに開発された町ともいえる。土地に根づいた産業を中心に、人が集まり成長した町とは成り立ちが異なるのだ。

ドキュメンタリー映画、『人生フルーツ』は、高蔵寺ニュータウンに住む津端（つばた）修一とその妻、英子の、半ば自給自足でいとなむ暮らしを追った作品である。二〇一七年初めから東京のポレポレ東中野でロングラン上映されたのち、全国各地で上映されて二一万人を動員した。津端は、もともと日本住宅公団に所属し、高蔵寺ニュータウン計画のほか、多摩平団地、阿佐ヶ谷住宅、赤羽台団地など多くの宅地造成に携わっていた。

作品のパンフレットに、津端が一九六〇年代に「風の通り道となる雑木林を残し、自然との共生を目指したニュータウンを計画。しかし、時代はそれを許さなかった。（中略）結局、完成したニュータウンは理想とは程遠い無機質な大規模団地だった」とある。似たようなことが、ほかのニュータウンでも起こっていたと考えられる。

津端はやがて開発から距離を置き、一九七五年に買った高蔵寺ニュータウン内の敷地に家を建て、雑木林を育てる実験的な暮らしを始めている。映画がヒットしたのは、物質的な成長を追い求めて効率を優先した結果の現在に疑問を持つ人たちが、津端のささやかな社会改革に可能性を見出したからだと思われる。

津端夫妻が雑木林を育てるのに四〇年かかったように、町は成熟するのに時間がかかる。街道などのメイン通りに、さまざまな商店ができる。その後に、すき間みたいな場所で商売を始める人たちが出てくる。住んでいる部屋が散らかるように、朽ちたところや壊れた場所ができ、植物が育っていく。人間の無意識を含んだ営みと蓄積した時間が、町におもしろみとスキを与えて人を安心させる町に育つ。しかし、家というハコを入れるために急ピッチでつくられた町の中には、人間くさいすき間を持てなかったところもあったのではないだろうか。半世紀経った今、都心から遠く産業がない町は若い世代が住み継がず、高齢化と過疎化が進んでいる。

『家族ゲーム』の闇

昭和フォーマットの社会で暮らす郊外の昭和家族は、効率と機能を求めて経済を急成長させた時代の産物である。父は稼ぐために出かけ母は家事・育児をし、子どもは学んで遊ぶ。そして地元は住むだけ。それぞれが単機能の役割を持ち、分業体制で暮らしを成り立たせていた。

しかし、感情や欲望を持つ人間は、機能だけでは生きていけない。役に立たなくてもやりたいことがある。やるべきとはわかっていても、やりたくないことがある。家族や仲間、他人と親しくつき合い、認めてもらいたい。人の役に立ちたい。

そんな欲望を無視され続けると、不満や悲しみが次第にたまり、やがて心を病んでしまうかもしれない。今、一〇人に一人がうつを患うという。それは、もしかすると人間に機能性ばかりを求めがちな社会で暮らしている影響もあるかもしれない。

昭和家族の問題が表面化するようになったのは、早くも昭和五〇年代からである。その頃はまだテレビのホームドラマが人気を博していた。

特にＴＢＳが放送するテレビドラマは人気が高かった。「おばけ番組」と言われた水前寺清子主演の『ありがとう』は、シリーズ最高視聴率が五六・三パーセントを記録している。第一シリーズは一九七〇（昭和四五）年放送で、一九七四～七五年放送の第四シリーズまで同じようなキャストで、恋愛もありのご近所群像劇を描く。脚本は平岩弓枝。

銭湯を舞台にした森光子主演の『時間ですよ』シリーズは一九六五年、一九七〇～七五年などに放送。橋田壽賀子などが脚本を書いている。小林亜星主演の『寺内貫太郎一家』は一九七四年、一九七五年放送、向田邦子脚本。

温かい家族と、地元密着の仕事を持つ近所の人たちとの関係を描いたホームドラマがヒットしたのは、もしかするとそのような関係が、すでにノスタルジーや憧れの対象になっていたからかもしれない。ホームドラマ全盛期は、郊外暮らしが広がり始めた時期と重なる。

最初に一石を投じたのは、一九七七（昭和五二）年放送の『岸辺のアルバム』である。こちらもＴＢＳ系で山田太一脚本、八千草薫主演。原作小説の文庫解説には「いままでのホームドラマには嘘があると思う。もっとほんとのホームをリアルに描きたいんです」という山田の言葉が収録されている。

多摩川のほとりに一戸建てを建てた商社マン一家は、ごく普通の幸せを手に入れたはずだったが、内実は厳しい。父の会社は倒産寸前、母は孤独を抱え、ある日かかってきたいたずら電話の男と不倫関係に陥る。大学生の娘は、交際していたアメリカ人留学生にレイプされる。それぞれに暗い秘密を抱える家族の間で、大学受験を控えた高校生の息子がウロウロ悩む。

洪水で家を流されるというクライマックスで、家族が持ち出すのはアルバムである。納められた写真はもしかすると、演出された表面的な幸せを映しているかもしれない。しかし、失敗を象徴する家や家財道具を失い身軽になった家族は、美化された思い出だけをかてに、再起しようとする。

次に大きな話題となったのは、森田芳光監督の出世作、『家族ゲーム』だ。タイトルも象徴的な松田優作主演の映画で、一九八三（昭和五八）年公開である。映画の冒頭、家族四人が一列に並んで食べる不自然な食卓シーンを描き、「この家族は問題がある」と強烈に印象づけた。物語は、落ちこぼれの次男の受験対策として家庭教師が来たところから始まる。父は工場経営、母は専業主婦、長男は優等生である。

どちらの物語も、受験生が中心的役割を果たす。いい学校に進んでいい会社に入る、というたった一本のサクセスストーリーを、たくさんの人がめざした時代だった。

闇はなぜ生まれたか

受験のストレスがついに家族を崩壊させた現実の事件は、一九八〇（昭和五五）年に起こった。それは、神奈川県の郊外住宅地で発生した金属バット殺人事件で、予備校生の息子が両親を撲殺し、社会に大きな衝撃を与えた。

また、俳優の穂積隆信が、非行に走った娘を更生させようと試みる実体験を書いた『積木くずし』（桐原書店）が一九八二年に発行され、三〇〇万部ものベストセラーになっている。同書は一九八三年にテレビドラマ化され、関東地区で四五・三パーセントの高視聴率を記録した。問題が世間にさらされた結果、更生しかけていた娘は再び荒れ、穂積は妻と離婚。娘はその後二〇〇三（平成一五）年に、三五歳の若さで突然死している。

家庭が主婦にとって抑圧の場になりうることを明るみに出したのは、一九八二年に発表されたルポルタージュ『妻たちの思秋期』（斎藤茂男、共同通信社）である。アルコール依存症に陥る女性など、企業戦士の夫を持つ専業主婦の孤独が描かれた作品だ。

昭和家族の問題が昭和五〇年代に次々と明るみに出たのは、なぜだったのだろうか。この時期、昭和フォーマットの社会を支える昭和家族が、世の中の主流を占めるようになった。専業主婦が既婚女性の五六・四パーセントと最も割合が多くなったのは、一九七五年（昭和五〇）である。[注8]

農業など旧来の職業に就く人がへり、ほかの生き方が見えづらくなっていた。

しかも、日本の企業社会は新卒以外の人が正社員の職を得ることが難しい、女性がキャリアを形成しにくいという欠陥を持っていて、やり直しがきかなかった。この昭和フォーマットは問題とされながらも今でも継続しており、ドロップアウトした人が貧困に陥る問題は、あの頃よりむしろ深刻になっているかもしれない。


男が企業を支え、女が夫を支える機能を求められることは、ときに人が自分らしく生きることと相いれない。そのしんどさを最初に感じたのは、おそらく主婦である。

家族が出払った日中の専業主婦は、一人きりになる。その時間を楽しめる人はいい。しかし、近隣に知人がいない、行く場所もない毎日は、話し相手もいないことを意味する。買いものに行く先もスーパーなどのチェーン店なら、店員との会話もほとんどない。

商店街や農村のように、仕事を通じて地元と結びついていれば、家族ぐるみでつき合う人たちができる。そこにはわずらわしさもあるが、家族がある程度外の目にさらされるので、家庭内の風通しはよくなる。『農家女性の戦後史』（姉歯曉、こぶし書房、二〇一八年）によると、家長の権利が絶対的に強かった農家では、嫁の立場が奴隷のように低いという別の問題を抱えていたが、本題からそれるのでここでは掘り下げない。

サラリーマン家庭では、家族がバラバラに人とつながる。親子共通の知り合いができることもあるが、親の友人の子ども同士が親しくなるとは限らず、子どもの友だちの親同士の気が合うとは限らない。そして、利害が絡む共同体がないところでの、人の結びつきは弱い。

郊外では、プライバシーは尊重されるが、孤独も生まれやすい。つき合う人が少なく関係も浅くなりがちな環境で、母が長い時間をともに過ごす子どもに向ける「愛」も「憎」も執着も、強くなってしまう。自分の子どもというだけで精神的に依存していく母もいる。

そして親も子も、ほかの家族の生活を知る機会が少ないから、自分たちの関係を客観的に見つめることが難しい。たとえそれがゆがんだ関係だったとしても、特に子どもは自分の家庭を「ふつう」と思い込んでしまうからである。

郊外とはいえ、都会に家を建てられるサラリーマンの所得は高めで、彼らの妻は大半が専業主婦になった。長い通勤時間を受け入れたのは、妻が子育て中心に暮らす予定だったからである。夫たちは自分の経済力を示すためにも、妻が主婦になることを望んでいた。企業も、既婚女性が主婦として男性社員を支えることを望んで、積極的には雇わなかった。妻たちは、長時間拘束される会社勤めを子育てと両立させる困難を承知していたし、働かなくてすむならそのほうがいい、と考えた人も多かった。その暮らし方が何をもたらすかは誰も知らず、皆の利害が一致して昭和家族と昭和フォーマットは確立したのである。

主婦たちの世界

商店街や農村の女性たちには、家族ぐるみのつき合いがある。地元育ちなら子どものときからの友だちがいるかもしれない。親たちの噂話を聞きかじって育っていて、おじいちゃん、おばあちゃんたちのことまで知っているかもしれない。子どもも学校で一緒だろう。そして、仕事でもつき合いがある。

よく知っている同士だから、立ち入った話をすることもあるだろう。それが抱えている問題を解決するきっかけになる場合もあるが、余計な話をされて不快に思う場合もある。しがらみは、こういう利害が絡んで離れられないつき合いから生まれる。若者が都会へ出て行き多くが戻ってこなかったのは、地元に仕事や進学先がなかったからだけではない。

もちろんいい関係もある。的確なアドバイスをくれるのも、つらいときに支えてくれるのも、ある程度深い関係を築いてきた相手だ。その関係は友人であり、仲間である。同志かもしれない。

一方、郊外の主婦同士がつき合うのは、情報が必要だからである。学校の問題、子育てのポイント、料理のヒント。近所にできた店の話。誰かの噂。しかし一番大切なのは、おしゃべりで時間を埋めることだ。誰でも、ストレスを発散する場や、話をする相手が欲しい。「お母さん」という役割から離れて一人の大人として認めてくれる相手も必要である。子どもの母親という共通項でつき合うママ友に、どこまで個人としての自分を認めてもらえるかは難しいところだが、少なくとも大人同士の会話ができる。

中には孤独な妻たちもいる。転勤族で一つところに何年も住めない人、子どもがいないから知り合いをつくるきっかけができにくい人、それから人づき合いが苦手な人がいる。知人に囲まれている一見社交的な人も、表面的なつき合いで孤独を感じているかもしれない。

私の母はしょっちゅう長電話をしていた。近所の人たちには言えない心情を話せる友だちが、遠くに居たからかもしれない。母の地元の友だちはもちろん、学校時代の友だちも近くにはいなかった。女性は結婚すると、家を出て遠くに住むことが少なくない。

転勤族の妻は特に、引っ越しが多い。サラリーマンは土地に根づかない職業である。結婚相手次第で、選ぶ不動産の条件次第で、地元を離れる女性は多い。

企業のオフィスが集中する都心から、電車や車で一時間、二時間もかかる郊外のニュータウンは、母親は家にいるもの、という前提で成り立っている。「子どもの手が離れたから働こう」と思った女性たちが、早く帰宅する子どもに配慮して近所で働こうとしても、スーパーか工場のパートなど選べる仕事が限られている。もともとの産業がなかった土地に築かれた町は、共働きを想定していないからだ。そしてもちろん、夫たちが地元で働くことも想定していない。最初から、地元に根づく前提がなく住む人たちの町である。

その町で、主婦が孤独に陥るのは必然だった。せめて仕事を持っていれば、職場で別の役割を求められて居場所ができ、社会に役立つ実感も得られたかもしれない。稼いだお金で気晴らしもできる。しかし、専業主婦にはそういう場所もない。家族との関係が重要になって、さまざまな期待をかけるようになる。期待に応えてもらえないと不満が募る。

ママハラの原因

警察庁の調査によれば、二〇一六年に全国の警察が摘発した殺人事件は、五五パーセントが親族間で起きている。殺人にまで至らなくても、問題を抱える家族はたくさんあることが、報道その他で知られるようになっている。ママハラは、その一つなのである。

カウンセラーの信田さよ子による『母・娘・祖母が共存するために』(朝日新聞出版、二〇一七年)によれば、二〇〇八年に『母が重くてたまらない』(春秋社)を出した際の反響はとても大きく、各メディアから当時の四〇歳前後の女性たちが、自分の問題として取材に来た。そして彼女たちの多くが取材時に自分の母について話をし始め、止まらなくなったと書いている。

信田は『母・娘・祖母〜』で、その世代を団塊ジュニア、その母親を団塊世代としているが、二〇〇八年に四〇歳だったのは、一九六八年に生まれた私の世代であり、母親たちはほとんど戦中世代である。また、当事者の告白本も含めてその後次々と出版されるこのジャンルの本は、著者たちの年齢からもっと幅広い世代が抱える問題だということを示している。多いのは、昭和フォーマットを支える昭和家族の中にいた人たちである。

昭和家族の娘がママハラを受けたのは、母親たちが孤独に苦しんでいたことが大きいと思われる。母親たちは、自分の人生に不満が多く、子どもしか頼る相手やグチを語れる相手がいなかったのである。そのグチを聞かされて育った娘たちは、母親に屈折した感情を抱くようになる。性格にも影響を受けるかもしれない。将来に希望を持ちにくくなるかもしれない。

長年カウンセラーをしてきた信田はママハラ問題の第一人者の一人で、ママハラを告白し語れる土壌を築いたパイオニアである。同書で信田は、母親たちの孤独の背後にいる父親たちに注目する。次は、この父親たちの問題について考えてみたい。

役割がない父親

父の存在感

郊外の昭和家族では、大黒柱であるはずの父親の存在感が薄い。家事も育児も妻に任せきりな彼が、家庭で果たす役割を持たないからである。商店街や農村の男性のように地元で働いていないため、地域でも存在感がない。

もちろん、家族を大事なときに支えた父親や、家事・育児に参加した父親、地域にかかわった父親はいる。しかし、特に地域では男性が求められることが少なかったので、居場所をつくることは困難だったと思われる。私の父がそうだったように、多くの父親たちは毎日会社に出かけて帰ってくるだけで、週末は、家でゴロゴロしたり趣味にいそしむ人が多かっただろう。

私は、進路を決めて母に報告するたび「お父さんにも言いなさい」と言われ、なぜ私から報告する必要があるのかと不思議だった。母からは、父への不満をしょっちゅう聞かされていた。わが家で大事なことを決めていたのも母である。家の増築やリフォームのときも、母が大工たちを接待し指示していて、父が働いている様子はなかった。うちの中心にいるのは母だったから、父には母が伝えてくれればいいのに、と思ったのである。私は、家族の重要な決断をする父を見たことがない。

家族から逃げる父親たち

前節で取り上げた、信田さよ子の『母・娘・祖母が共存するために』は、問題を抱える家族の夫たちが、いかに家族から逃げているかをくり返し指摘する。

父親が母親を大切にして不満がたまらないようにしていれば、母と娘の関係が悪くなってもすぐに気づけるし、間に入って関係を調整できる。母や娘に問題があった場合、それを指摘して修正させることができる家族は、父だけなのだ。しかし、家庭を妻に任せきりの夫は、妻や娘の苦しみに気づかず、気づいても目をそらす。当事者意識が希薄なうえ、めんどうなことに首を突っ込みたくないからである。

信田が子どもの問題を抱える父親たちを対象に行ったグループカウンセリングで、男性たちは「一切感情を表す言葉を使用しない」。生育歴を発表してもらったときも事務的に「生年月日、出身地、出身校、会社名、結婚年齢、子どもの数だけを述べ」た人がいて、それは「あたかも潤滑油が切れたロボットのような印象だった」という。

子どもが社会不適応を起こしているのに、父親は彼らに寄り添うために必要な感情表現を忘れてしまっている。家族の中心にいるはずの父親が感情をどこかに置き忘れているから、母親は孤独になり子どもは精神の安定を失うのだろう。

父親が感情表現を忘れてしまったのは、会社で感情を排除し「ロボットのよう」に機能だけを提供してきたからかもしれない。

少なくとも、子育てをしていれば、子どもから感情表現を求められたはずだ。妻と向き合っていれば、やはり感情が求められる。家族は利害をともにする前に、気持ちを通わせて支え合う関係のはずだからだ。感情を置き忘れた父親は、家族に生活機能しか求めていない。父親が成長した娘から疎まれがちなのは、関係を育てることをサボってきたからではないだろうか。

信田は「娘の摂食障害や息子の引きこもりで困り果てた母親にとってもっとも深刻なのは、彼女たちの意識の底に、地中深く埋葬されている夫への怒りや絶望」があると指摘する。夫を信頼できない、頼りにできないから、母親たちは子どもに依存する。子どもを人生のパートナーにしてしまう。グチを垂れ流す母親もいる。

「核家族における子どもにとっては、仕事で不在の父をのぞけば母しか存在しない。母がいなければ生存できない非力さとは、母が全面的依存と愛着の対象であり、すべての情報源でもあること、つまり神にも等しい存在であることを意味する」と、同書は父親が存在感を失った家庭における、母親の権力の巨大さを指摘する。

深刻なママハラは、両親の夫婦関係に最大の原因がある。子育ての責任を全部妻に押しつけた夫たちが、母親の権力と存在感を強大にして間接的に娘を苦しめている。子どもが息子であった場合も同じである。過保護または無関心な母親に育てられ、社会に適応できないで苦しむ息子、人を大事にするやり方を知らない息子も、たくさんいる。

昭和フォーマットの企業社会

父親が会社人間になって家族にちゃんと向き合わない原因の一つは、会社が生活のすべてを捧げるよう求めることではないだろうか。

家族を養う責任を背負う彼は、「いざとなれば辞めてやる」と思いきることが難しい。家族はいわば会社の人質なので、彼は会社の要求に全力で応えようとする。全身全霊をささげるよう求められて、家族を後回しにするうちかかわり方を忘れていった父親もいただろう。仕事がおもしろすぎて、のめり込んでしまった人もいるかもしれない。いずれにしても、昭和家族の父親の居場所は、会社にあったのだと思われる。

サラリーマンの会社への帰属意識の高さは、一九九〇年代に会社員をしていた私も実感していた。メーカーなら、社員や関係者が自社製品を使うのは当たり前。私が勤めていた会社は、大手家電メーカーが大きな顧客だったため、備品の家電は全部その会社製だった。それが顧客に信頼されるために必要だったからだ。フリーになった後、その顧客と仕事をしたときに他社製のテープレコーダーを持っていくと、すかさず「X社製ですね」とチェックされた。

取材の二時間も前から、販売会社で朝礼につき合わされたこともあった。挨拶と発表があり、社歌を全員が歌う。仕事と直接関係がない朝礼につき合わせるのは、その拘束が帰属意識を高める、と彼らが考えていたからだろう。そうやって企業は長い間、男性を仲間として組織に所属させてきたのだ。

めいめいが自分のペースで働く広告会社にいた私は、朝礼の経験はない。社員数も一〇〇人あまりと少なかったので、社内行事などを通して全員の顔を知っていた。創業二〇周年を過ぎたばかりで、創業者たちも現役で活躍していた。社長の思いも会社の理念も、顔が見える関係の中で共有できていたと思う。

しかし、社員が何千人、何万人もいる大きな会社や、長い歴史を持つ会社で、社員を同じ方向

都心のターミナル駅からオフィス街へと急ぐサラリーマンたち（提供：毎日新聞社）

にまとめ、やる気を出させるのは簡単ではない。大企業では、部署が違えば顔も名前も知らない。取材先ではよく、クライアントが同じ企業の社員同士なのに、名刺交換していた。社歌を一緒に歌う、朝礼で自分なりの意見や感想を語るのは、互いに知り合い仲間意識を高めるために必要なのだろう。

日本の企業の多くは戦後、高度経済成長期に大きくなっている。たとえばソニーは戦後設立された町工場が始まりだし、セブン＆アイ・ホールディングスの出発点は、浅草の洋品店だった。八百屋から大きくなったスーパーも多い。

企業の多くが、社員の心を合わせるために、家族的な関係をつくるよう試みた。社員の誕生日や結婚、出産を祝い、忘年会などの飲み会を開き、運動会を開催して社員とその家族が交流する場をつくる。社内報を発行して社員の声を届け、慶事や訃報を知らせる。それはもしかすると、家業で働く従業員を住み込ませた時代の名残りかもしれない。

疑似家族となった会社員たちは、本物の家族以上に一緒に過ごす時間が長い。営業成績など目に見える成果も共有している。利害をともにし、長い時間を過ごすうちに、疑似家族が家族となり、居場所を持ちづらい自宅が、寝るためだけの場所に転換していく。

家庭では、愛を誓い合った妻と共有できる話題も少なく、いつの間にか大きくなった子どもたちはよそよそしく、考えていることも好きなこともわからなくなっていく。居場所と感じられるのが会社だけなので、夜も社員同士で飲みに行き、休日もつい出勤してしまう。定年後も会社に行ってしまったり、元同僚と集まり続ける人もいる。

結婚式の披露宴では、新郎の会社の関係者が乾杯や主賓の挨拶をする。彼らは新婦に向かって「新郎は有望な社員ですので、帰宅が遅くなることもございます。どうかご理解いただき、サポートしてくださるようにお願いします」と挨拶する。合わせて会社のPRをしてしまう人もいる。家族のように仲がよい会社の人たちにとって、社員の家族は会社でその人が役目をしっかり果たすための支えとして存在しているように映るのだろう。

そうやって、会社に身も心も捧げて生活していたのが、昭和家族の父親たちである。昭和家族の男性が常態化する残業や休日出勤、飲みニュケーションを受け入れたのは、もしかすると会社が一番大切な存在になってしまったからかもしれない。

会社という名の共同体

昭和フォーマットの社会で企業は、夫たちが家族を養う前提で高い給料を支払い、福利厚生を整えていった一方、女性を中枢から排除し続けることで成立していた。

女性社員の役割はあくまで男性のサポートで、お茶くみ、書類を整えること、手書きの時代は清書すること、お使いに行くことなど雑用が中心だった。技能が身につく仕事は与えられず、結婚すれば速やかに辞めていくことが期待されていた。

若手男性社員が将来、しっかり働けるよう支える花嫁候補として女性社員を雇う会社もあった。女性は男性を助けるために存在している、という発想は、高等女学校制度を整えた明治の良妻賢母思想と変わらない。さらに言えば、男性社員も生活を背負った人間ではなく、会社を動かす道具と見なされている場合がある。そういう会社は、無茶な働き方で人の命を削るブラック企業になる危険性を秘めている。

私は平成の初め頃、友人が勤めていた総合商社の野球部に、写真を撮らせてもらう目的で出入りしていた。当時、一眼レフでスポーツを撮ることにハマっていたのだ。野球部には女子マネージャーが何人もいて、商社リーグの試合の間こまめに動いてお茶を用意し、休憩のたびに選手たちが飲めるようスタンバイしていた。

公式試合とはいえ、遊びの世界にも性別役割分業が行き渡っていることに驚いた。私が働いていた会社の野球部では、気楽な試合しかしないせいか、飲みものは各自用意していたからだ。職場で女性がお茶くみをする慣習もない。

聞くと、その会社にはいくつもクラブがあって活動が盛んだった。忘年会では新入社員らが練習を重ねた芸を披露するという。私を野球部に出入りできるようにしてくれた友人も、元マネージャーで野球部の先輩と結婚していた。ほかにも社内活動で生まれたカップルは多いと聞く。中学や高校みたいに社内行事に費やす環境と習慣があるからこそ、交流が深まって社内結婚する人も多くなるのだ。もちろん、そこには社内人脈を広く豊かにする意味もあっただろう。

私の勤め先でも、会社の近くに会場がある天神祭のときは、社をあげて屋上で祭りを開いたし、社員旅行もあった。私は社員旅行で親しくなった若手社員の仲間たちと、毎年キャンプに出かけた。おかげで、ほかの部署の資料が必要なとき、遊び仲間の先輩を通じてスムーズに教わることができた。仲間同士で社内結婚したカップルもいる。

もしかすると、会社は疑似家族というより、疑似共同体だったのかもしれない。結婚して初めての土地に飛び込み、その町を中心に暮らした妻は、孤独を感じていた。しかし会社に所属し、役割を持っていた夫は、妻の孤独が深いことに気づかなかったのかもしれない。

私のいた会社は私が退職したのち社長が二人交代し、不況で大変な時期もあったそうで、天神祭のイベントはすたれたらしい。商社のノリも、派遣社員がふえた今は変わっているかもしれない。

会社が共同体の役割を果たせなくなって社員への呪縛が解けたから、家族や私生活を大事にしようという機運が生まれたのだろうか。また、昭和に成長した大企業がたびたび不祥事を起こすのも、会社の求心力が落ちたせいかもしれない。平成の終わりにブラック企業が明るみに出たり、大企業の不祥事が続いたのは、社会が変わり人々の意識も生活も変わったのに、その組織が昭和フォーマットのまま硬直しているからではないだろうか。

父親の孤独

昭和家族では、家庭の責任を全面的に引き受けた妻の役割が非常に重要だ。彼女が不在になったり寝込んだりすると家庭は機能不全を起こす一方、夫が家庭で果たす役割はほとんどない。

家庭での責任を放棄した夫もいた。家や家族のことで悩み、夫に相談しても「そんなことでわずらわせないでくれ。疲れているんだから」とあしらわれた妻は多かっただろう。責任を引き受ける母親に気持ちを寄せ過ぎる息子も、そんな母親を見て「私はあんなふうにならない」と意を強くする娘も育つ。どちらも父親の存在感があまりにも薄いせいである。

サラリーマンの父親が働く現場を見る機会がないから、子どもたちはスーツを着て出かける人というイメージしか持てない。母親が父親の力を子どもに語る、あるいは信頼を寄せる姿を見せていない場合、夫に対するグチばかり語っていた場合、子どもは家で働く姿を見せない父親を尊敬しなくなるだろう。

子育ても母親に大変な責任がかかる。乳幼児期の世話が大変なだけでなく、五歳には五歳なりの、一〇歳には一〇歳なりの、一五歳には一五歳なりの対応の仕方があって、それを間違いなくするのは難しい。親は子育てのプロではない。間違えることがある。判断に迷うこともある。全力で親の愛情や信頼性を試し関心を求めてくる子どもに、一人の親がどこまで応えられるのか。一人で子育てをしなければならないから、権力任せのママハラをするのかもしれない。

育児にかかりきりの母親が失う、自分の時間は長い。人生のパートナーのはずなのに、傍観者のようにふるまった夫への恨みを、妻は一生忘れない。

しかも夫は、問題が起これば「お前の育て方が悪かったんだ」と妻に責任をなすりつけようとするかもしれない。父親たちが家庭責任を放棄したのは、そのほうがラクだから、という本音もあるのではないか。家族への責任は、どこまでという明確な区切りがないからだ。

経済行為である仕事は目的が明確だ。責任の範囲も決まっている。しかし、感情面での結びつきが強く一緒に生きる家族は、関係を割り切ることができない相手である。夫婦は添い遂げる覚悟を求められるし、親には言葉も知識もない赤ん坊を一人前に育て上げる責任がある。

ほかの人の人生を背負う責任から逃げた父親の姿は、子どもたちがしっかり見ている。「存在感がなかった」と父親を振り返る人は少なくない。父親の不幸は、自分が犯した罪の自覚がなく、寂しい晩年がなぜ訪れたのか自分ではわからないことではないだろうか。

「主人」という呼び名

呼び名が果たす役割

「言霊(ことだま)」という表現がある。それは言葉に魂が宿っていて、言葉が表現する内容を実現してしまうという考え方だ。迷信とも言われるが、くり返し使われる呼び名には、相手をその名前にふさわしいように変化させる側面があるのではないか。

たとえば、夫婦が「お父さん」「お母さん」と呼び合っていたら、いつの間にか互いがパートナーであることを忘れ、子どもたちが独立した後に関係を修正するのが難しくなるかもしれない。お父さんとお母さんが、その役割を果たすうちに子どもに依存してしまう危険を、その呼び名は含んでいる。

昭和家族の妻には、対外的に夫を、「主人」と呼んできた人が多い。その呼び名は、夫婦の間に上下関係をつくる機能を果たしたように思う。

戦後、日本国憲法が制定され男女は平等になり、両性の合意のもとで成立する結婚の項目も、対等な関係を保証したはずだ。しかし、明治憲法と明治民法が定めた家父長制のもとで、父親が家長として君臨する環境で育ち、戦後に大人となった世代の男女は、無意識のうちに自分の父や母をモデルに家庭を築いただろう。戦後民主教育を受けながらも、家父長制を捨てきれない男女の関係を象徴するのが、「主人」という呼び名だった。

主人という言葉は、もともと雇い主を指していた。奴隷の所有者、使用人を家で使っている家の主（あるじ）。夫を主人と呼ぶのは、イエが一つの組織としての機能を持っていた時代の感覚を引きずっている。イエは、名字を持った武家が存続させるべき血縁組織で、明治民法に家族制度として採用された。

血縁に頼らないでつくる近代企業が生まれる前、イエは生産組織や商業組織だった。生活と仕事は未分化で、信頼関係を築くために、結婚や養子縁組を通じて家族になってともに働く場合が多かった。イエは、所属する人たちに愛情があろうとなかろうと、経済を回し後継世代や労働力を育てる役割を担っていたのである。

祖父母や成人した独身の息子や娘たちが一つ屋根の下に暮らすこともあったし、家事や家業に従事する使用人が一緒に暮らしている場合もあった。近代化によって、仕事がイエの外に切り離されていくと、家族の単位は小さくなっていく。

第二次世界大戦の敗戦後、家父長制が制度上なくなり、自営業を営む人より会社員が主流となって、仕事と家族が切り離された人が多数派になった。経済成長によって職を得た次男以下も出て行って結婚する。家電の普及や格差の縮小によって家事使用人もいなくなる。一つ屋根の下に暮らすのは親族だけの小さな家族になっていくが、主人という呼び名は生き残った。

妻たちは新しい憲法のもと、夫に従属しなくてよくなったはずなのに、生活資金を稼いでくる夫を、相変わらず主人と呼んだ。主人の出番は、子どもの学資金、大型家電や家を購入するなどの大きなお金が動くときだ。大きな買いものの決定権をにぎることで、夫たちは主人としての名目を保った。でも、実質的に家庭を回しているのは妻であることを、子どもたちは知っていた。

主人という言葉はもともとの使われ方を引きずっていて、呼びならわしている間に主従関係を生んでしまう。昭和家族の妻たちには、大きなお金を使う場合だけでなく、働くにも、遊びに出かけるにも、夫の許可を必要とした人が少なくない。一九九二（平成四）年に大ヒットした平松愛理の『部屋とYシャツと私』が、友だちとの約束に出かけさせてと歌うのは、出かける自由を宣言しなければならないほど、主婦が夫に従属してきたことを表している。

個人の人権が保障された日本国憲法のもとで、妻たちは家を出ていくことも、夫の決断に反対することもできる。しかしそれをしないのは、生活の保障を失いたくないのと、従属する立場を選べば、重大な決断をゆだねてラクになれるからだ。「主人」から精神的に支配されている人もいるだろう。

妻たちはその言葉を使うことによって、自分が家事と育児を担いセックスの相手をするために雇われた、と表明してしまう。定年後、稼がなくなった主人が離婚されてしまうのは、主婦を雇う能力を失うからである。

そして雇い主だから、妻は夫が家庭責任を果たさなくても、愛情を育む努力を放棄しても許容し、家事と家族の世話を全面的に引き受け続けることができるのではないだろうか。

そんな含みを持たせる言葉だからこそ、安易に主人という言葉を使ってはいけない。その言葉は、相手から暴力を受けるなど理不尽な扱いを受けたり、愛想を尽かしたときに言霊としての力を発揮し、なかなか別れられない危険をはらむ。

夫婦に主従関係はいらない。お金を稼ぐのが夫だけだったとしてもである。なぜなら稼ぐことと家事をすることは、両輪で家庭を支えているからだ。夫が家事をしないのに生活がきちんと回っていくのは、妻が家事を引き受けているからである。子どもが育っていくのは、妻が世話を焼いているからである。お金は生計を維持するために不可欠だが、家事は生命を維持するために不可欠だ。だから、家事一切を引き受けた妻は、実は家庭内権力者でもある。世の中にはその強さを自覚して、あえて裏で実権を握り「主人」に従属するフリをする妻もいるようだが……。

夫婦同姓を強制する国で

呼び名が持つ力ですらこれほど大きいのだから、対外的に名乗る名字が、自分や他人に与える影響はもっと大きいはずだ。書類に書く、名乗る、他人に呼ばれる。自分を規定する名字は、社会生活でひんぱんに使う言葉でもある。

結婚する男女のほとんどが夫の名字を選ぶ日本独特の戸籍は、女性を男性に従属させる役割を果たしている。明治初期には男女同権が議論され、夫婦は別姓だったが、一八九〇（明治二三）年施行の大日本帝国憲法（明治憲法）と一八九八年施行の明治民法は、女性を男性の支配下に置き、夫婦同姓を定めた。

昭和家族が支えた昭和フォーマットの社会も、このしくみを引きずってきた。しかし、日本が女子差別撤廃条約に署名をしてから四〇年。もういい加減、女性を男性の付属品扱いするシステムと意識は、変わるべきときがきている。

私と夫は、事実婚である。大学時代に結婚に関わる制度について調べたとき、夫婦同姓を定めた国はほとんどないこと、世帯主を定めない国もあるなど、日本の法律はほかの国と違って差別的なことを知った。私たちが結婚を決めた一九九九（平成一一年）年は法律改正の機運が盛り上がっていた頃でもあり、夫は婚姻届けを出さないことを承知し、それぞれの両親にそのように言って説得した。

私自身、確執がある親の姓を名乗り続けることに抵抗がないことはなかったが、それ以前に三〇年間名乗ってきた姓には愛着があったし、名前みたいな苗字なので「あこちゃん」と呼ぶ人もいて、すっかり「あこ」の名前が自分の一部になっていた。

何より、一方が相手の名前に変えることは、旧来のイエに入るイメージがつきまとう。夫が私の名字を名乗ることで、「婿」のようになるのも嫌だった。仕事上の必要性もあった。名字が変わると営業上不利になる。事実婚でこの名字を使って作家活動もしてきたので、変えると大変な損失を被る。

たとえば、私たちが法律婚をして、私が名字を変えたとしよう。そして仕事でも夫の名字を使い始めたと仮定する。銀行名義、免許証、健康保険証、パスポートの記載を変更する。何十とある取引先に振込先として登録した名字も、いちいち変えなければならない。仕事はこの名字で来るし、私の署名記事や書籍を読んできた人は、別の名字で発信したら、私のものだとわからない。企業の経営者、フリーランス、大学教授など自分の名字で仕事をしている人が、キャリアを積んだのちに改姓する不利益は、こういったことから推察できる。

名字が看板になる営業職であれば、通称使用ができる職場もふえてきた。しかし、主婦や事務職・サービス職などの場合は、具体的な不利益を訴えて通称を使うことが難しい。彼女たちが、自分のアイデンティティを奪われるつらい気持ちは、どこへ持っていけばいいのだろう。

姓を変えたくない人が、どんな不自由を感じているか、法律改正を求めて提訴した人たちの声を、報道から拾ってみよう。弁護士ドットコムの二〇一八年八月一〇日の記事によると、東京都の出口裕規弁護士と妻の場合、それぞれ以前結婚していた相手との間に子どもがいる。結婚することで子どもの姓に不自由が生じることから、二人は葛藤した。

出口と結婚した女性は、離婚した際の協議で親権を彼女が持つ代わり、子ども二人が前夫の姓を名乗ることになっていた。子どもたちは、自らの意思で姓を変えられる一五歳になったら女性の旧姓を名乗る希望を持っていたが、出口と再婚したことでそれが難しくなった。出口は「民法七五〇条の夫婦同氏強制は、初婚しか想定していない」と言う。

妻の姓を選択したソフトウエア会社サイボウズの社長、青野慶久は、二〇一八年八月九日の朝日新聞記事で「海外出張で航空券を手配する時も、青野だとパスポート名と異なるから乗れません」と言い、アメリカ出張先のホテルが青野姓で予約されていたため、危うく泊まれないところだったこともあると明かす。「通称使用が広がると、戸籍名と通称を使い分けるコストが膨らみます」と、実感から通称使用の不自由さも指摘する。

二〇一五年六月一〇日の朝日新聞記事では、出産のために法律婚をしたのち、結局ペーパー離婚した事実婚の医師の恩地いづみが、法律婚をしていた折、「預金通帳の名義変更など、各種手続きで「恩地」の証明が一つずつ減っていくように感じた。自分を失うようなつらさだった」と語っている。

増加する別姓支持者

夫婦同姓を強制する法律が今もあるのは、世界広しと言えども日本だけである。選択的夫婦別姓制度は女子差別撤廃条約で求められていたにもかかわらず、条約を批准した一九八五（昭和六〇）年から三四年を経ても導入されていない。

一九九六（平成八）年に法制審議会が改正案を答申したときは、法律改正が可能かもしれないという機運が盛り上がった。しかし二〇〇〇年代にバックラッシュが激しくなり、フェミニストとその主張が批判される時期が続いた。やがて潮目が変わる。二〇一〇年代半ばごろから、再びフェミニズム・ムーブメントが始まり、女性たちの声がメディアを動かすようになった。

二〇一一年には事実婚の夫婦ら男女五人が、夫婦同姓の強制は個人の尊重をうたう憲法一三条違反として提訴したが、二〇一五年に最高裁が合憲と判断した。変えようという機運は何度も盛り上がっているが、長く政権を握る自民党が認めないこともあり制度が変わらない。

しかし、二〇一八年に内閣府が発表した世論調査では、選択的夫婦別姓を支持する人が、四二・五パーセントと、反対を一〇パーセント以上上回った。[注9] 同年、事実婚の夫婦ら七人が、今度は法の下の平等をうたう憲法一四条に違反するとして提訴している。できるだけ早く法律改正が実現することを願いたい。

裁判官がどう判断しようと夫婦同姓の強制は、個人の自主性を尊重していると言えないし、九割以上の女性が改姓する現状は、法の下の平等が保障されていると言えないことは明らかだ。選択が極端に偏っているのは、「女性が名字を変えるべき」という暗黙のプレッシャーが女性にかかっているからだ。

しかし、先の世論調査からもわかるように、この制度の不自然さに気づく人はふえている。私の周囲でも、三〇代前半の主婦の友人が「女の人って、結婚したら名前を変えなきゃいけないじゃないですか。それって損だと思う」と言っていた。三〇代後半の友人女性は「職場の後輩には、別姓を支持する女性がふえている」と語る。

今はフェイスブックなどのSNSを使って情報交換する人は多いが、自由に名乗れるフェイスブック上では、旧姓を使う女性や、ミドルネームのように旧姓を入れる人が目立つ。仕事上の必要性から旧姓を名乗る女性も珍しくなくなった。実態としては、夫婦別姓になっているのだ。それなのに、「家族の一体感を損なう」と、同姓を強硬に主張する政治家たちが、法律を変えさせようとしない。

そもそも、家族は一体である必要があるのだろうか。イエが共同体だった頃、利害で結びつく家族は一体感を持っていただろうか。理不尽な家長に反感を抱く妻や子どももいたのではないだろうか。

反対に、仲のよい家族は名字で一体感を持っているのだろうか。親族と親しくつき合う人は少なくないが、女性は結婚して名字が変われば、実家とのつながりが薄くなっているだろうか。姉妹たちは結婚によって疎遠になり、兄弟たちは家族をふやして一体感を強化するのだろうか。そんなふうに実態はなっていない。

選択的夫婦別姓は同姓を名乗ることを否定するわけではない。同じ名字を名乗りたい人は、夫婦どちらかの姓を選び、もともとの姓を名乗りたい人は名乗り続けることができる。別姓支持者は、夫の姓を名乗りたい女性を否定したいとは考えていないのである。

夫婦の関係を決める法律

女性の自立を阻み、男性に従属するようしむけてきたのは、戸籍制度だけではない。前出の『性と法律』を手がかりに掘り下げてみよう。

明治民法のもとでの夫婦は、平等とはほど遠かった。天皇を主権者とする明治憲法のもと、日本の社会は「軍隊から家族まで、小さな天皇制の積み重なった構造であった。（中略）家族の中での天皇にあたるものが家長であり、戸主（戸籍簿に登録される）という法律上の地位を与えられており、その地位は「家督」として相続の中心にあった。戸主は、家族の結婚、離婚その他の重要な意思決定に同意をするか否かという形で直接関与し、生殺与奪の権を握っていた」とある。

明治民法のもとで、女性は結婚すると法的には無能力者とされたため、経済活動をするには夫の許可が必要で、妻の財産も夫の管理下にあった。離婚をすれば女性は子どもを置いて家を出なければならない。そして、結婚も離婚も戸主の同意が必要だった。

男女同権を定めた日本国憲法が、どれだけ画期的なものだったかが、明治の法律の差別構造から見える。戦前の女性は男性の付属物であって、独立した個人と思われていなかったのである。

同時に、日本国憲法下でも、女性を男性の保護下に置いて管理しようとする明治憲法・民法の精神が残っていることが見えてくる。女性に男性と同等の仕事を与えない企業、妻が夫を主人と呼び、そのことを受け入れる周囲の人々。女性に経済的自立へ導く学歴を与えまいとする風潮などにも、その残滓が見える。

同書は、改正された民法でも法律婚ができる年齢に男女差があること、女性にだけ六カ月間再婚が禁止される規定、婚外子の相続が法律婚で生まれた子の半分になることなどに、明治民法の女性差別の名残りが見られると指摘する。

　女性だけが離婚後六カ月間再婚できない民法の規定は、子どもの父親を特定するために設けられたものだ。それは男性側の都合である。実際には、次の相手との間に子どもができてしまうこともあるのではないだろうか。この規定は二〇一五年にようやく最高裁が違憲と判断し、二〇一六年に再婚できない期間が一〇〇日間に短縮された。婚外子差別も二〇一三年に最高裁が違憲と判断している。近年、ようやく少しずつではあるが、明治の感覚を引きずった民法が、日本国憲法の精神と矛盾していることが認められつつある。

名字が変わる女性の不利

　平成に入って、選択的夫婦別姓制度を求める声が大きくなったのは、名字の重みが増したからではないだろうか。生まれ育った場所に住み続けるなど、生涯にわたって所属できる場がある人が少なくなっている現在、名字は数少ないよりどころの一つだ。自分のルーツをたどる手がかりでもある。仕事や社会活動、趣味などで名字で呼ばれる機会もふえている。

　仕事を持つ既婚女性が多数派になって、名字が変わる不便が増したことはもちろん大きい。それに加え、名字が自分のアイデンティティとなっている人がふえているのではないかとも考えられる。共同体の中で生活が完結していた時代と異なり、個人が家族から離れて仕事をし、友人関係を築くことが当たり前になったからだ。専業主婦でも、別姓を望む人はいる。

　また、現行制度で結婚で名字を変える人は、結婚歴をいちいち公表しなければならない。名字が変わった↓結婚した。戻った↓離婚した。また別の名字になった↓再婚した。その強制的な情報開示は差別ではないのか。個人情報を保護する法律がある時代なのに、なぜ結婚歴を非公開にする権利を認めないのか。子どもの立場であれば、男女に関係なく、親の離婚・再婚を開示させられることになる。

名字が変わることで結婚歴が判明するのは、既婚女性がおはぐろを塗らなければならなかった江戸時代と何が違うというのだろうか。女性が男性に扶養され、経済行為も許されなかった明治時代と本当に変わったといえるだろうか。女性は父親や夫の所有物ではない。

女性が男性に扶養されるべきだという考え方が現在も残っているからこそ、営業上不利で、手間がかかり、人によっては尊厳まで奪われる夫婦同姓の強制が成り立っている。多様なライフスタイルや価値観を認めない社会は、個人を尊重しているとはとても言えないだろう。

子育て女性の困難

女性を男性に従属させる日本のしくみの欠陥は、女性が子どもを連れて離婚したときにあらわになる。女性は、正社員で働き続けることが困難で、正社員の場合も待遇面で差がつけられる。進学格差により、職業選択肢も男性より少ない。

企業の現場は変わってきているので、より責任の重い仕事に就く女性の数も、少しはふえた。厚生労働省の「賃金構造基本統計調査」によると、民間企業における係長クラスの女性は、一九八九年には四・六パーセントだったのが、二〇一六年には一八・六パーセントになった。しかし、部長クラスの女性は、一・三パーセントだったのが六・六パーセントにふえた程度である。

女性の管理職がなかなかふえないのは、育児の負担の大部分が女性にかかることが一番の要因である。子育て期の女性は、マミートラックという不利な働き方を強いられがちだ。それは、長時間労働が難しい子育て期の女性が、より責任が重い仕事から遠ざけられることである。そのために、スキルが身につかず昇進や昇給が難しくなる。育休切りにあった、あるいは自発的に両立が困難と判断した結果、非正規雇用になる女性もいるだろう。また、夫に育児したい意欲があっても、男性社員が育児を担うことを許さない職場の風潮のもと、早く帰らせてもらえない男性もいる。

出産退職した女性たちや非正規雇用で働く女性たちに、正社員・正職員の夫がいて元気に働いている場合は、少なくとも夫の収入で暮らしていける。しかし、世の中にはそうでない夫もいるし、失業する夫もいる。シングルの女性もいる。さらに、シングルの中には、離婚または非婚のシングルマザーたちがいる。

厚生労働省が実施した「平成28年度全国ひとり親世帯等調査の結果」によると、母子家庭の母親の平均年収は二四三万円で、父子家庭の父親の四二〇万円より大幅に低い。そして、世帯数は母子家庭が一二三・二万世帯、父子家庭が一八・七万世帯と、圧倒的に母子家庭のほうが多い。母子の貧困世帯が多いのは、女性が十分な所得を得られる可能性を、教育、就職、再就職などさまざまな場面で阻害されてきたからだ。次節は、女性が働くうえでの問題を見ていきたい。

働く女性の不利

裁判で企業に勝った女性たち

引き続き『性と法律』を手がかりに、今度は働く現場における女性差別について考えたい。女性が働きにくい環境は、母と娘を分断する要因ともなっているからだ。

高度経済成長期、結婚を前提に女性の若年定年制が敷かれていた企業がたくさんあった。この問題について裁判で闘った女性たちが勝訴したことを、同書は紹介する。

住友セメント（現・住友大阪セメント）で働いていた原告は、結婚後に退職することを迫られたが応じなかったため解雇され、裁判を起こした。会社は当時、女性に「結婚または満三五歳に達した時は退職する」ことを労働契約に定めて念書を取っていた。同書によれば、会社が女性に結婚退職を迫ったのは、「女性職員は、託児施設その他の結婚後も働き続ける条件が整っていないので、結婚後は家庭本位となり、欠勤が増え、細かい注意力、根気などを欠き、労働の能率が低下する」からである。

東京地方裁判所は会社の主張を認めず、公序良俗に反するとして、この制度を無効とする判決を下した。それが一九六六（昭和四一）年である。

機能不全を起こす昭和フォーマット

一九七九年に国連で女子差別撤廃条約が採択され、日本も一九八五（昭和六〇）年に批准したことから同年男女雇用機会均等法が成立し、翌年施行された。この法律によって、雇用における男女差別は表向き禁止された。しかし、多くの企業はコース別人事制度を設け、女性を男性と同待遇が前提で仕事がきつい総合職、転勤がなく補助的な労働が中心の一般職に分けて、ほとんどの女性を一般職に誘導した。

国も、女性差別を温存する対策をとっていた。女子差別撤廃条約が採択されたのと同じ一九七九年、政府自民党は「日本型福祉社会」という論文を発表し、女性に主婦として、つまり基本的に報酬抜きで家事・育児・介護を全部背負わせ、男性が仕事に専念できるようにすることが、日本的な福祉だと論じた。

均等法が成立する一九八五年には、第三号被保険者の資格を定めた年金改革を行う。これは、年収一三〇万円未満の第二号被保険者の配偶者を扶養家族とし、年金保険料を支払わなくてよいという制度だ。第二号被保険者は、厚生年金の加入者および共済年金の加入者。つまり、会社員か公務員の配偶者だけが、保険料を支払わなくても年金を受け取れるという制度だ。シングルの場合はもちろん、夫が自営業者やフリーランスの場合も、この特典を受けられない。企業戦士を仕事に専念させることで生産性を上げさせよう、という意図がはっきりわかる。

この制度下では、パートなどで年収が一〇三万円以下の場合、夫の所得税が減額される配偶者控除などと合わせて、サラリーマン・公務員とその妻の税金・年金の負担が少なくなる。二〇一八年度からは税制が改正されて、所得が九〇〇万円を超えると段階的に配偶者控除が減額され、一千万円を超えるとゼロになるなどの変更により、ようやくサラリーマンの妻を優遇する制度が変わり始めた。

均等法施行と同じ一九八六年には、労働者派遣法も施行。安く人を使え簡単に辞めさせられる、企業にとって便利なこの法律は、何度も改正されて適用業務を拡大していった結果、二〇一八年には女性雇用者のうち非正規雇用者が五六・〇パーセントにものぼるほどになった。[注10] 男性は二二・二パーセント、と女性の半分以下である。

つまり、自民党は福祉の費用を国で負担したくないので、できるだけ女性が補助的な働き方を選び、サラリーマンの妻なら将来の年金と引き換えに、それ以外の女性はタダで、家事や育児、介護という福祉を担うようしむけたのである。

時代の流れに逆らうように昭和フォーマットを温存させる政策をとった結果、晩婚化が進み、離婚もあってシングルの男女がふえ、少子化も進んだ。共働き社会に舵を切ったスウェーデンやフランスでは、出生率が持ち直している。日本の男女が結婚しづらくなったのは、自分のために生きることが難しい、性別役割分業を前提としたしくみのせいかもしれない。

多くを犠牲にして短期的には効率的に経済成長をもたらした昭和フォーマットは、もはや生産性を上げる力が衰え、機能不全を起こしている。深刻な人手不足は、外国人の技能実習生などで補うようになった。育児や介護との両立を難しくする、残業が多いホワイトカラーの生産性の低さも、識者や新聞などが盛んに指摘している。

男性も、家族を養える正社員とは限らなくなった。女性の半分以下とはいえ、二割を超える男性が、家庭を持つことが難しいとされる非正規雇用なのである。

生活管理を妻任せにする男性を雇って成長した昭和フォーマットの企業は、安い労働力を使って利益を確保しようとしてきた。その人たちが生活する主体であることを度外視した結果、働き盛りにとって、結婚が難しく、子育てしにくい社会を築くことに貢献したと言えるだろう。しかも、目先のコスト削減は、人をいたずらに拘束し、新しい商品・サービス、システムを生み出す創造性を奪う結果、長期的に生産性を下げる危険をはらんでいる。

非正規で働く人がふえた結果、貧困に陥る人もふえた。格差の拡大は社会を不安定化させる。二〇〇八（平成二〇）年に起きた秋葉原通り魔事件など、平成以降、社会に不満を抱えるテロとも呼ぶべき人による無差別殺人事件がいくつも起こっている。大きすぎる格差は、犯罪を誘発してしまうのだ。

女性に離婚させないしくみ

近年、格差の拡大が明らかになるとともに、シングル女性の貧困およびシングルマザーに育てられる子どもの貧困が、大きな社会問題になっている。シングルマザーが貧困に陥るのは、女性が男性と対等に扱われないからである。

子育てには、お金がかかる。離婚して子育てする女性は、養育費を元夫に請求できるが、先の『性と法律』によると、実際に元夫から養育費が支払われることは少なく、その金額も小さい。同書によると元夫から養育費をもらっている女性は、二〇一一年時点で二割弱しかいない。スウェーデンやドイツ、アメリカでは行政が関与して養育費を相手方から徴収できるしくみがあるが、日本ではそうした制度がなく、強制徴収もできない。

裁判所の判決や審判書や調停調書があっても、「父親が誠実に自分の法的責任を果たす考えがない場合は、彼は給料の差し押さえを逃れるために、勤め先を変えるか辞めるかなどをする。そうなると、母親はお手上げになる。新しい勤務先を連絡してもらえない限り（連絡してきた例を、わたしは知らない）、強制執行の対象が不明になってしまうからだ」とある。養育費を支払わない父親に、辞めると不利な公務員や大企業に勤めている人が少ないとも書いてある。元夫に逃げられた母親は、自分の少ない収入で子どもを育てなければならない。

さらに著者は、家裁で普及している婚姻費用および養育費の簡易算定表がもとになる養育費算出方法自体に問題があることを指摘する。「これによって算定される金額は、非常に低額であり、妻と子は離婚によっていわば自動的に貧しくなってしまう。生活保護基準以下になる場合も出てくる。その分、父親・夫の手元に残る金額は大きい」という。

子育てにはお金がかかり手間もかかる。選べる仕事も限られるのに、養育費はめったにもらえず、もらったとしてもその金額は少ない。この事実をもとに、著者は、「多くの女性には離婚後の生活設計が立たないために離婚の自由がない、ということを現している」と指摘している。巧妙にも間接的な形で、明治の法律が定めた女性が自由に離婚できないしくみが維持されているのである。

女性は結婚相手がＤＶを働く人であっても、アルコール依存症や浮気をする夫、ギャンブル依存症の男性であっても、離婚すると貧困という代償を支払わされてしまう。さらに、未婚のシングルマザーは社会的にも差別され、子どもの父親が亡くなったときなどにもらえる寡婦控除もないなど、より不利な条件下に置かれている。

このように、女性の貧困問題は、多くが昭和半ばに確立した、男性が世帯主となって家族を養う給料をもらう一方で、私生活に費やす時間を奪われる働き方の構造と、それを支える法律に原因がある。

このモデルから外れたフルタイム正社員の女性は、忙し過ぎて結婚や出産をすることが難しい。そして働きすぎで体を壊す危険にさらされる。無理がない働き方を選べば収入が少なくなる。やりがいも少なくなるかもしれない。昇進は困難で、雇用が非正規になって不安定化するかもしれない。その場合、年金が支給される年齢まで働き続けられない危険がある。

そしてもし彼女が結婚して、その生活が破綻すれば、罰を受けるかのような転落人生が待ち構えている。子どもを産んでいればその落ち方は激しい。多くの女性が子どもが成長するまで耐えてから離婚を申し出てきたのは、この不利益を知っているからだ。この国の法律は、女性が男性の家政婦役を担い彼の生活を支えることを求めている。しかし、不幸な結婚生活を続ける負担は、彼女にも子どもにも大きい。妻に愛されない夫も実は不幸である。離婚しづらいことで、二人はほかの人と出会い再出発する可能性も失いかねない。

生き方を限定する昭和フォーマット

男性が片働きで家族を養うという昭和フォーマットは、男性にも不利な条件をつきつけている。家族を背負っているので仕事を選べず、働きすぎで体を壊すかもしれない。家庭を顧みる余裕ができにくいため、妻の心が離れるかもしれないし、子どもがなつかない、あるいは次第に父親を疎んじるようになるかもしれない。

正社員が長時間労働を拒めば、閑職に追いやられる危険がある。昇進も昇給も難しくなる。会社での居心地も悪くなる。非正規雇用になった場合は、離婚されるかもしれない。両想いの恋人がいても、お互い低所得者であれば、結婚に踏み切れないかもしれず、結婚してもお金がかかる子どもを断念するかもしれない。つらくても正社員の立場にしがみついて馬車馬のように働くよう、彼はしむけられている。

つまり、昭和フォーマットの働き方を前提とする社会では、国が好もしいと考えるライフスタイルを選択し、それが合っていた一部の男女しか、安心して暮らせないことを意味する。それは、人の生き方や価値観を型にはめようとすることだ。外から生き方を限定するのは、支配ではないのか。

また、正しい生き方があるかのように定める法律は、その枠に収まり切れない人を不幸にするだけでなく、恩恵を受けている人たちに差別的感情を植えつける。女性は結婚して夫を支えるために仕事を抑制すべきである。離婚をしてはいけない。女性は結婚して子どもを産まなければならない。しかし、未婚で子どもを産んではいけない、というように。そうして人と人が分断されていく。

『ニューズウィーク日本版』が二〇一七年七月一三日、教育社会学者の舞田敏彦による婚外子についての記事をWEB配信している。この記事によると、二〇一四年現在、アメリカやヨーロッパにおいて未婚で生まれる子どもは、子ども全体の二分の一、三分の一を占めることが珍しくないが、日本は最下位の韓国に次いで少なく、二・三パーセントしかいない。それは、妊娠したら結婚するカップルが多いせいである。

しかし、人生をともに築く覚悟がないまま一緒になった二人は、やがて別れることも少なくない。『性と法律』によれば、一部のデキ婚は、ドメスティック・バイオレンス（DV）にもつながりやすい。

不幸を量産するしくみは、女性を夫や父に従属させようとする法律がもとになってできた。そして、男性たちは家族を背負うことで、国の歯車になって経済発展に尽くすことを求められている。それはまるでグリム童話の『ヘンゼルとグレーテル』のようだ。グレーテルたち女性は、魔女のためにこき使われ、ヘンゼルたち男性は自分が食べられるために栄養（仕事）を与えて太らされる。

この国では、もしかすると法律は人が生きる権利をあまり守っていないかもしれない。法律が国民の生き方を型にはめて縛り、労働力としてだけ存在して国に貢献するよう求めている。女性も男性も、国を富ませるための道具でしかない。そのために決まった道へ誘導され、自分が望む生き方をまっすぐに選べない男女もいるだろう。自分らしく生きることができない人は、ほかの人の自分らしさも受け入れない可能性がある。そのために、夫婦や親子の関係が難しくなり、ママハラが起きることもあるのではないだろうか。

性教育の貧困

誰が性を教えるのか

社会の差別的な構造を映し出す女性や子どもの貧困には、デキ婚やシングルマザーの問題が絡んでいる。経済的な準備がないままの妊娠・出産には、学校で行う性教育に原因があるかもしれない。そこで本節では、体は成熟しているが、精神的にはまだ未熟で経済的な自立が困難な一〇代に焦点を当て、性の問題を考える。

日本では、学校で性教育が行われるものの、セックスとその結果については踏み込まない傾向がある。そのため若者が十分な知識を得られないまま、意に染まぬセックスをしたり、妊娠してしまう悲劇が後を絶たない。

私が初めて性教育の授業を受けたのは、小学校四年生のときだったと思う。女子だけが先生に呼ばれて男子は校庭へと追いやられ、生理とそのメカニズムについて学んだ。

次は中学の保健体育の授業。女子校だったので男子については知らないが、三歳年上で公立校に通った夫は、性教育を学校で受けたことはないと言っていた。

なぜ男子は昭和五〇年代に性教育を受けられなかったのだろうか。この時代は家庭科も男子は小学校でしか学んでいない。男の子に家庭生活を築く知識は必要ないとしたのは、教育基本法で定められた第四条「教育の機会均等」に、違反していたのではないか。

私が中学校で学んだのは、男女の体のメカニズムの違い、女子は生理が、男子は精通と声変わりが始まる第二次性徴や、妊娠後の体の変化を教わった。印象に残ったのは、妊娠するとお酒を飲んではいけないし飲むと気分が悪くなるらしいことぐらいだった。

身体の成熟と妊娠の間にあるセックスについて教えてくれたのは、同級生だった。中学二年の夏休み、私ともう一人うぶな子があまりにも無知なので、彼女が「特別授業」を行ってくれたのだ。キスをA、ペッティングをB、性器の挿入までをCと呼ぶことを教わったが、BとCの違いはよくわからなかった。ペッティングの内容がわからなかったからである。

ショックだったのは、子どもがセックスによってできる事実だった。中学生の私にはそれがいやらしい行為にしか思えなかったし、両親がその行為をしたから自分が生まれてきた、という事実は受け入れがたかった。もう一人の彼女と「私たちは将来、人工授精で子どもをつくろうね！」と誓い合った。人工授精はその頃ホットなニュースだった。

それから「先生」は、アメリカン・コミックみたいなタッチのエロマンガを数冊と、当時性的な情報がたくさん載っていた『ポップティーン』（富士見書房・当時）を貸してくれ、「これで勉強するように」と宿題を出した。

インターネットがなかった昭和の時代、性に関わる知識を得るにはそういう子ども同士の情報交換が頼りだった。教えてくれる仲間がどの程度正確な情報を持っているか、どの程度くわしいかによって、子どもたちの性に対する知識とイメージが左右されてしまう。

親や学校が教えることを避けている間にも、体は確実に成熟し、女の子たちはいつでも妊娠可能な体になってしまう。男の子たちは性的衝動を強く持ち始める。大人が「まだ早い」と思っていようが関係なく、欲望が強くなる年頃の子どもたちはきっかけを見つけて、A、B、Cと進み、気がつけば女の子が妊娠してしまう。中学や高校で妊娠・出産をきっかけに中退すれば、その後の人生で職業の選択肢が大幅に狭くなり、貧困に陥りやすくなる。また、相手と結婚できるとは限らないし、できても十分に関係が成熟していない段階での結婚は、経済的環境が整っていないことも加わって、両者にとって不幸な結果を招きやすい。

一〇代の性の現場で

日本性教育協会が発行する『現代性教育研究ジャーナル』二〇一六年三月発行の№60の記事「若年妊娠とその背景」（種部恭子）によると、二〇一四年の一〇代の人工妊娠中絶件数は一万八千件弱で、一〇代の母からの出生数は約一万三〇〇〇人、うち四三人が一四歳以下の母からの出生である。

掲載された厚生労働省衛生行政報告例（二〇一四）から作成されたグラフを見ると、一九歳以下の人工妊娠中絶率は、一九七五年から上昇を始めている。

一九七五年は既婚女性の専業主婦率がピークを記録した年で、第二次ベビーブームが去って少子化が始まった時期である。男女が結婚して二人の子どもを産み育てるという、いわゆる「標準家庭」のイメージから実態が変わり始めた時期と言える。セックスが結婚後に行われるべきという建前は、この頃から崩れ始めたのかもしれない。

一〇代の人工妊娠中絶率は、一九九五～二〇〇二年に急上昇している。この記事には子どもを産んだ例についてもグラフが掲載されている。一九歳以下の母からの出生数を厚生労働省の人口動態統計（二〇一四）をもとに作成したもので、やはり、二〇〇〇年頃に一五〜一九歳の出産のピークがある。

この時期は、いわゆる「女子高生ブーム」と重なる。高校生の売春を「援助交際」と呼ぶ言葉が広まったこの頃、社会学者が女子高生に取材を行った実態レポートも話題を呼んでいた。性に奔放な女の子たち、という視点で描かれている同書からは、彼女たちを買う男性たちの実態はまったく見えてこない。メディアで援助交際が取り沙汰される折も、買う側についてはほとんど言及されていなかったように記憶している。

そもそも一九五六（昭和三一）年に制定された日本の売春防止法では、取り締まり対象が女性と業者だけで買った男性は処罰されない。売るのはダメでも買うのが許されているのは、法律の不備と言えるのではないか。

二〇一八年五月一六日、朝日新聞が高校生の妊娠問題を報じている。その記事によると、文部科学省が二〇一七年度に公立高校を対象に行った調査で、二〇一五年度、一六年度に妊娠した生徒は、高校が把握しているだけで二〇九八人もいることがわかった。そのうち六七四人が自主退学をしている。「妊娠した高校生の支援を考えるプロジェクト実行委員会」の野村泰介は、「妊娠した女子生徒が退学させられ、相手の男子生徒は何の咎めも受けないといった事例を、教師仲間から何度も耳にしている」。

一〇代に限らず妊娠などの性にかかわる問題は、二人以上の人間がかかわって生じる。それなのに、女性が一人で問題を起こしているかのような先入観があるから、対応が不十分となるのではないだろうか。

産婦人科専門医・性科学者の宋美玄(ソン・ミヒョン)は『少女はセックスをどこで学ぶのか』(徳間書店、二〇一四年)で、一〇代の性に関する現実を描いている。

同書によると、問題はセックスをしても自分たちだけは妊娠しないと考えるカップルが多いことだ。一〇代は健康を損なった経験が少ないこともあり、大丈夫と思いがちだと指摘する。

「10代に多いのは、中絶ができない週数になって病院に駆け込んでくるケースです。妊娠の兆候が身体に現れていても、「まさか自分の身に……」と心理的に現実逃避をしてしまい、親にも友達にも誰にも相談できない状況に追い込まれていくなかで、ようやく病院にたどり着く。来院できるのはまだましな方で、トイレなどで子どもを産み落としてしまう例だってあるのです」と赤裸々な実態が書かれている。

彼氏に嫌われたくない一心で、セックスを受け入れる子も多い。「少女たちの多くは自分自身の気持ちよりもまずは2人の関係性を優先しようと、相手の欲求に応えてしまうようです。(中略)学校ではこういった自分を守るための考え方を、ほとんど教えてくれません」

デートレイプもある。自分の尊厳を守り、正確な知識を与える性教育を受けていないから、親しい相手から求められた、意に染まぬセックスを受け入れる女性をふやしているのではないか。背景には、従順で受け身であることを「女らしい」とする親のしつけや社会風潮がある。

「性欲や愛情とは別の感情、たとえば寂しさから男性のもとに居場所を求めたり、金銭的な理由から性行為に至る少女たちも存在します」。援助交際もそうだし、近年社会問題になっている、家出少女がSNSなどを介して男性に保護を求めた結果、レイプされてしまう問題などにもつながっている。

一〇代少女が寂しいのは、ママハラを日常的に受けるなどしていて、家庭を居場所と感じられないためかもしれない。同書は、「家庭が楽しくないと思う女の子は、性的な行動に対する垣根が低く、結果的に性被害にも遭いやすいという結果は、診察室を訪ねる彼女たちの姿とも重なります」[注11]と述べている。ありのままの自分を受け入れてくれる保護者がいない女の子は自己評価が低く、自分の健康や人生を大事にしようと思えない。人の温もりを求めて性関係を持ち、不幸を招いてしまう。そういう傾向を個人のモラルの問題と片づけていいのだろうか。

学校での性教育

学校で性教育は、どのように行われてきたのだろうか。二〇一八年四月一六日付の朝日新聞フォーラム面の性教育特集によると、一九四〇~六〇年代は純潔教育、一九七〇~九〇年代は性教育研究の推進と性教育ブームが続き、二〇〇〇年代にジェンダー・バックラッシュを背景に性教育バッシングが起こる。推進された時期に私は中学時代を送ったことになるが、それでもセックスについては授業で教わらなかった。

朝日新聞の記事で驚くのは、中学生の保健体育の学習指導要領で、「1年生で生殖にかかわる機能の成熟や受精、妊娠は扱われるが、「妊娠の経緯(妊娠に至る経緯)は取り扱わないものとする」とあります。3年では性感染症の予防として、「感染経路を絶つために性的接触をしない」と教えますが、性的接触の具体的な内容には触れません」とあることだ。セックスについて何も教えないで、妊娠も性感染症もわからないではないか。

同年三月、東京都足立区立中学校で「性交」「避妊」といった言葉を使った授業が行われた。これに自民党都議や都教育委員会が不適切だと介入したため、[注12]朝日新聞が性教育の実態取材を行ったという経緯があった。

同紙は、「キスだけで子どもは出来ますか?」という質問をする子や、アダルトビデオ（AV）から得た知識で、「女性はセックスを嫌がっていても最後には喜ぶ」と信じている男子がいるなど、知識が少なすぎる問題を指摘している。

朝日新聞はその後もくり返し、性教育問題について報道を続けており、同年一〇月二二日には海外の事例をフォーラム面で特集している。その記事によると、イギリスでは、下着に覆われた「プライベートパーツ」の重要性を子どもでもわかるよう説明し、「君のプライベートパーツは君だけのものだよ!」と伝えるアニメーション動画がインターネット上で公開されている。「誰かがパンツの中を「見せて」と言ったり、触ろうとしたりしたら、絶対「NO」と言おう」などと伝え、性被害を防ぎ尊厳を守る取り組みをしている。

韓国では、小学校五年生の保健科で性暴力を教えているし、ドイツでは、一一〜一二歳向けの「生物」の教科書で性交や避妊についてていねいに説明している。フランスでは、「科学」の生物領域の授業で性の多様性や性の快楽面を教え、避妊方法も具体的に伝えている。フィンランドでは、中学校の「健康教育」で性の権利や多様性、交際のルールを伝え、高校の「生物」で不妊や生殖補助医療についてもくわしく紹介している。

同じ日、同紙教育面では、私立男子校の麻布高校で、性の多様性やアダルトビデオの問題について教えていることや、世田谷区の共学の大東学園高校で、コンドームのつけ方、避妊に失敗した後の緊急避妊法についても教えていることを報じている。日本でも正しい性の知識を伝える試みがようやく始まったのだ。

危機感が薄い男性たち

大人たちのタブー意識の強さは、性教育の障害になってきた。しかし、大人が避けてしまうと、子どもたちは誤った情報を手に入れて信じてしまうかもしれない。

大人が押さえ込もうとしても子どもは成長し、性的な好奇心や欲望も自然に育つ。だからこそ、女の子が妊娠してしまうリスクは、子どもを育てる責任と合わせてきちんと男女に教えるべきだ。そして男女にかかわりなく、望まない性行動を強要されれば深く傷ついてしまうことを伝えなければならない。そのうえで、セックスが愛情を交換し合う場であり、望んだときには子どもを授かる喜びも伝えるべきだ。性を忌まわしいものと思えば、セックスを楽しむことが難しくなるし、大切なパートナーとの関係を損なう。パートナーをつくらない人もいるかもしれない。

もしかすると、妊娠しない男性たちには、セックスが女性にとって重大なリスクであるという認識が薄いのかもしれない。政治や教育の中枢にいるのは、ほとんどが男性である。彼らが、無知で無垢な女性をリードし支配したいから、少年少女たちに性知識を教えることを避けてきたのではないだろうか。一部の男性の権力欲とタブー意識が現実から目を背けさせ、多くの少女たちの人生を狂わせてきたのだ。しかし議論が活発になっている今は、現状を変えるチャンスである。

性生活を、楽しく豊かにできるかどうかで、人生も変わる。そして妊娠と出産だけが性ではない。海外の例からもわかるように、全員が受ける学校教育でこそ、性の多様性や不妊についても教えるべきだろう。若い頃から正しい知識を身に着ける場を設けていれば、偏見による差別や不用意な言動で、人を傷つけない大人がふえていくのではないだろうか。

ハシゴを外された少女たち

私立女子校に入った私

二〇一八（平成三〇）年に東京医科大ほかの大学医学部で、女子学生を不当に低く評価し不合格とする不正入試問題が次々と明らかになり、教育における女性差別問題が注目されるようになった。高いキャリアや高収入で経済的に自立できる分野に、女の子が進まないよう誘導するしかけは、医学部だけでなくあちこちに張り巡らされている。私の体験から始めたい。

私は一九六八（昭和四三）年に生まれ、フェミニズム・ムーブメントが盛り上がって専業主婦がへり始めた一九七〇代に育ち、均等法が施行された一九八六年に高校三年生となった。中高時代には松田聖子や小泉今日子など、自分の意見を主張する女性アイドルも登場。「女性の時代」という言葉もでき、可能性が広がっていくように見えた時代だった。しかし大人たちは、それほど娘の将来性に期待していなかったのかもしれない。

私は小学校四年生から塾通いをし、受験戦争を勝ち抜いて私立女子校に入学した。学校には、私と同じように特に母親の期待を一身に背負って勉強し、合格したとたん、期待されなくなったたくさんの仲間がいた。

学校は当時全国トップクラスと言われた難関校で、有名大学に進学する子も多かった。優秀な成績で小学校を卒業し、将来に希望を抱いて学校の門をくぐった生徒は多かっただろう。ところが、学校にはもう一つ別の顔があって、それは「お嫁さん候補」として上等という肩書を得られることだった。関西には、見合いの条件として有利と言われる私立女子校がいくつもある。良妻賢母教育を掲げる学校が多く、お金持ちのお嬢さんがたくさん入学していたことも大きいと思われる。

しかし、私立へ進む子どもたちの事情はいろいろだった。たとえば昭和後半のその頃、中学校では校内暴力の嵐が吹き荒れていた。特に荒れた地域に住んでいた塾の同級生は、「公立へ行くと危険だから」と確実に受かる学校を狙って受験している。

経済の安定成長期で、サラリーマン以外の選択肢が見えづらかった時代である。継がせてやれる財産も家業もないサラリーマンとその妻には、子どもに学歴を財産として持たせてやりたいと望んだ人も多かった。学歴を生かして一流企業に入れば、給料が高く福利厚生も充実しているし、社内結婚すれば豊かな専業主婦生活が送れるはずだった。しかし、私が住んでいた地域では、公立高校の偏差値が相対的に低かった。私立の生徒が現役入学する地元の人気大学にも、公立に進学すれば一浪して入るのがやっとと噂されていた。

だから、学費をねん出できた親たちは、子どもを私立に入れるべく応援した。私の母は、「予備校や塾に通うお金や大学受験の費用を考えたら、私立に行かせてエスカレーター式に上に行ってもらうほうが安上がり」と言っていた。

ハシゴを外す親

そんなわけで私が入った学校は、お金持ちのお嬢さんだけでなく、勉強が得意で偏差値の高い大学入学をめざす子も入っていた。勉強に達成感があることを知った子たちは、知識を吸収する楽しさも覚えていた。

中学二年のとき、後ろの方の席の生徒たちでグループを組み、授業中にこっそり遊んでいたことがある。その遊びというのが、トイレットペーパーのロールいっぱいに書かれた英語のクロスワードパズルを辞書を引きつつ解くことだった。学校が独自の英語教育に力を入れていたこともあり、遊びの道具にするぐらい英語を好きな子が多かったのだ。

校風は、生徒の自主性を尊重し自由だった。制服がなく校則も厳しくなかったので、おしゃれが好きな子はファッションセンスを発揮。マンガ好きでオタクの元祖みたいな子など、趣味に没頭する子もいた。のちに音楽科に進学する子は、毎年クリスマス前に催されるクラス対抗の讃美歌コンクールのためにメドレーを編曲し、作曲家志望の片りんをうかがわせた。おいしいオリジナルレシピのケーキをつくって持ってくる子もいた。

学年対抗だった運動会では、全員が参加する応援合戦が見せ場だった。それはマスゲームを中心にしたチアダンスで、衣装の手配から選曲、振りつけ、練習に至るまですべて生徒たちが自主的に行う。リーダーにはダンスや音楽にくわしい子たちが就いた。

個性が明確で、好きな分野における能力の高さを発揮する子たちに、私は圧倒されるばかりだった。小学校ではトップだった私もこの学校では平均的な成績で、本当に優秀な子たちの頭のよさに舌を巻いた。あっという間に置いていかれた数学は、得意な子に教えてもらってようやく及第点に達する、というありさまだった。

　さまざまな才能に恵まれた子たちが、その後、その才能を発揮する機会を得られたのかどうか私は知らない。ただ同級生の一人が、四〇代になって朝日新聞の「ひと」欄に登場した。それは女性でありながら、国際的な銀行の外国でのトップに就いたからだった。やはり優秀な成績の兄と違い、中学に入ってからは親からまったく期待されなかったとあった。彼女のように、中学入学後にハシゴを外された子が、実は周りにたくさんいた。

　私に数学を教えてくれた子は、開業医の娘だった。医者をめざしていたが、跡継ぎは兄と決まっていた。娘を「お嬢さんらしく」育てたい母のため、髪を伸ばし続けていた。母親のたっての希望で、内部進学で上の大学の英文科に行く。彼女とは、ママハラのつらさを分かち合える仲間でもあった。

　彼女がすごかったのは、その後だ。大学に入ると医学部受験のために準備を始め、卒業と同時に医大へ入学したのだ。ときたま交流する中で、彼女が医大で出会った男性と結婚して在学中に子どもを産み、その後結局、実家の病院を継いだことを知った。男性より条件が不利だったかもしれない医大に、大学できちんと勉強しつつ受験をして受かり、望んでいた人生を手に入れたのだ。

　何しろみんな、学校で習うよりずっと難しい受験勉強をやり遂げたのだ。さまざまな能力を発揮する子たちを含め、がんばり屋さんが多かったのは当然かもしれない。それなのに、中学入学と同時に、「もう勉強は適当でいいから、花嫁修業しなさい」と、親からハシゴを外され、エスカレーター式に上の大学へ行かされる。結婚条件として有利なのは、上の学校である「女子大」だったからだ。親たちは本人が学びたいことには興味がなく、体裁のいい学歴を与えることしか考えていなかったのである。上の大学には、文学部と家政学部、音楽部と「女の子向き」の学部しかなかった。

女の子たちの進路

一方で、同級生の中には、経済学部や理系の学部に進学する子もいた。この頃から少しずつ、男子向きと思われていた学部・学科に進学する女子は目立ち始めていた。しかし、女子の進学先が偏る傾向は残り続ける。

一九九六（平成八）年に出た『高学歴時代の女性』（利谷信義、湯沢雍彦、袖井孝子、篠塚英子、有斐閣選書）に、文部省の『平成7年度学校基本調査報告書』から一九九五年度四年制大学入学者の学部内訳が紹介されている。女子は人文科学・社会科学・教育・家政が合わせて七四・一パーセントを占めるのに対し、男子は社会科学・工学で七四・八パーセントを占める。私たちの八学年下で、さらに男女同権意識が強くなった世代でも、文系の花嫁修業もしくは女の子らしい「手に職」系の学部を選ぶ女性が多数派だったのだ。

四年制大学への進学率自体、男子が女子を上回る傾向が今も続いている。文部科学省の学校基本調査によれば、私の一歳上の学年、一九八六年入学者で、四年制大学に進学した女子の割合はわずか一二・五パーセント。一方、男子は三四・二パーセントもいる。女子が男子の三分の一しか進学していないのは、短大卒の方が就職や結婚に有利と言われていた影響で、短大への女子進学率が二一・〇パーセントもあるからだ。ここでも、女子は将来のお嫁さん候補というバイアスがかかっている。

二〇一八年一〇月一〇日、朝日新聞は「「女が大学なんて」、言わせない」とセンセーショナルな見出しをつけた記事で、進学格差問題を報じている。その記事に、祖父に「女が大学なんて」と言われた女の子のエピソードや、経済格差が拡大する中で限られた資源を息子に投じる親、浪人は男の子が多く、地元志向は女の子が強いことなど、いまだに教育差別が強く残っていることを伝える。ここに出ている「祖父」は、私たちの親の世代だろう。

その記事に、二〇一八年度の学校基本調査をもとに、四年制大学進学率を試算した結果も出ている。男子が全国平均で五六・三パーセントいるのに対し、女子は五〇・一パーセントと約六パーセントの開きがあり、女子の方が進学率が高いのは東京都と徳島県だけと極端に少ない。最も開きが大きい山梨県では、男子の進学率が女子より一五・七パーセントも高い。進学格差は、今でも残っているのだ。

進路はその後の仕事人生にも影響を及ぼす。女性がよく就く介護・育児系の職業は、社会問題になるほど所得が低い。一方、男性が多い医師や研究職、国家公務員などの仕事は、所得が高い傾向がある。同等の待遇を約束されて入った総合職でも実際には差がつけられがちなのに、進路によって決まる職業選択肢でも所得の差が開く。

WEBサイト「年収ガイド」の「学歴別の年収・収入格差データ」が二〇一七年の厚生労働省の賃金構造基本統計調査から割り出した平均年収では、高卒男子が四七六万四三〇〇円、女子が三一三万七六〇〇円、大卒・大学院卒男子が六六〇万六六〇〇円、女子が四六〇万三三〇〇円で、高卒男子より大卒女子のほうが低くなっている。「母親はなぜ、娘に「女子力」を身に着けさせるのか」でも書いたように、確かに日本は学歴よりも性差が重視される社会なのである。こうした格差が、女性の経済的自立を困難にしている。

やりたい仕事の違いだけでなく、メディアから発信されるイメージ、大人たちによる刷り込みなどによって、自分の好きなことを「女の子らしい」分野に狭めて考えている女性もいるだろう。露骨な差別は、時代が進むにつれ少なくなってきているが、見えない壁や天井は依然として存在している。

「男性的な分野」で活躍する女性が少なかったことも、その分野へ進む後輩世代をへらしていると考えられる。先輩がいない世界へ飛び込む人は少ない。私は二〇〇四（平成一六）年に同世代の働き方について書いた『ルポ「まる子世代」』（集英社新書）を出したが、その取材で「職場に目標とする女性がいなかった」ことを、若くして退職した理由の一つに挙げる人が本当に多かった。

昭和半ば頃まで、主婦に憧れる女性が多かったのは、女性の職業選択肢が少なく、所得が低くきつい労働ばかりだったからである。彼女たちには、「末は博士か大臣か」と男性のようなキャリア志向の夢を抱くことは許されていなかった。

現代でも主婦に憧れる女性は少なくないが、それは働かなくても食べるのに困らないラクな立場と見えるからである。働く女性への差別的待遇や、多忙すぎる仕事で苦しむ先行世代が見えることも大きい。自分の母親が主婦で身近だから、具体的なイメージを描きやすいのかもしれない。周囲も、それが女の子の幸せだと刷り込む。

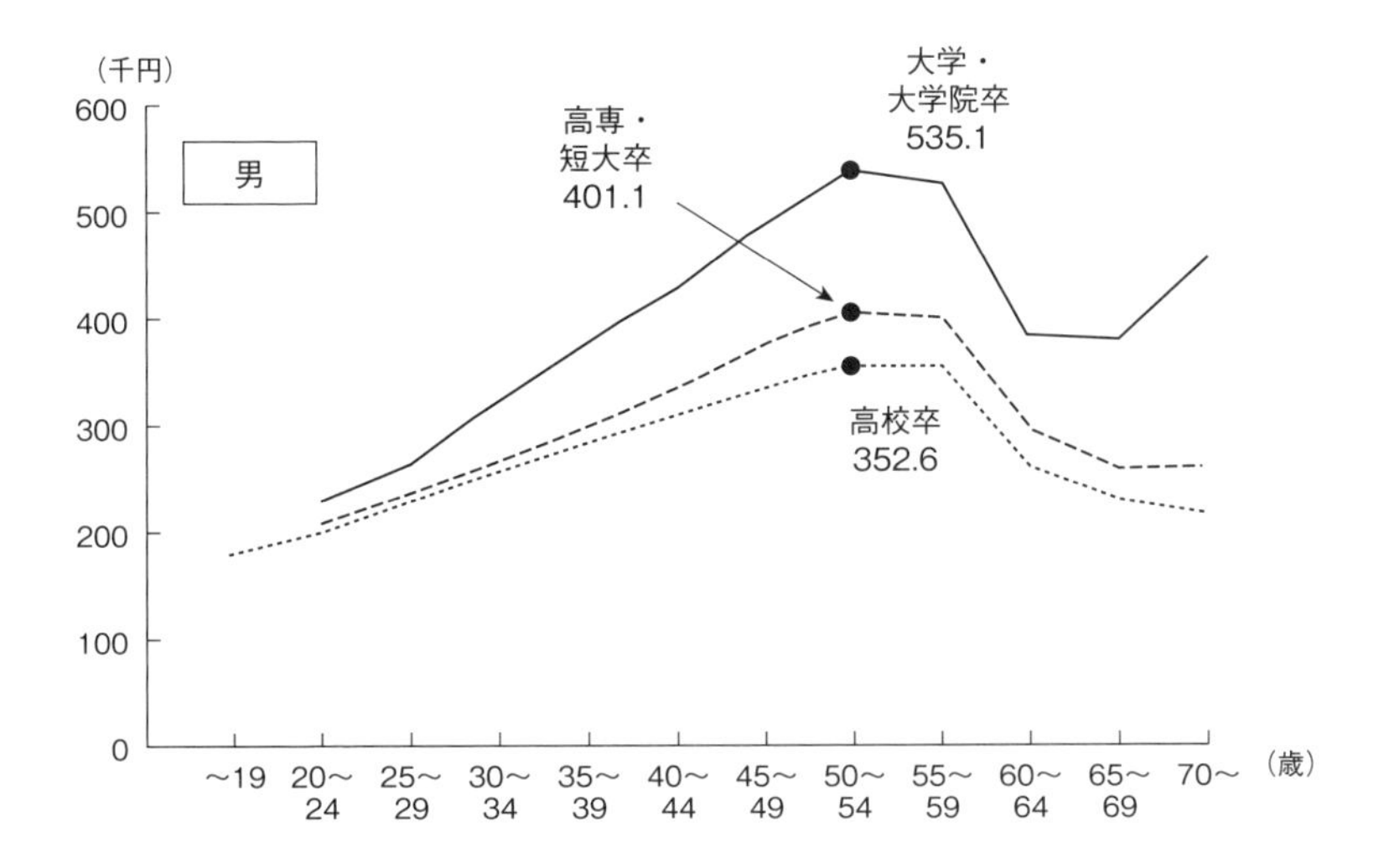

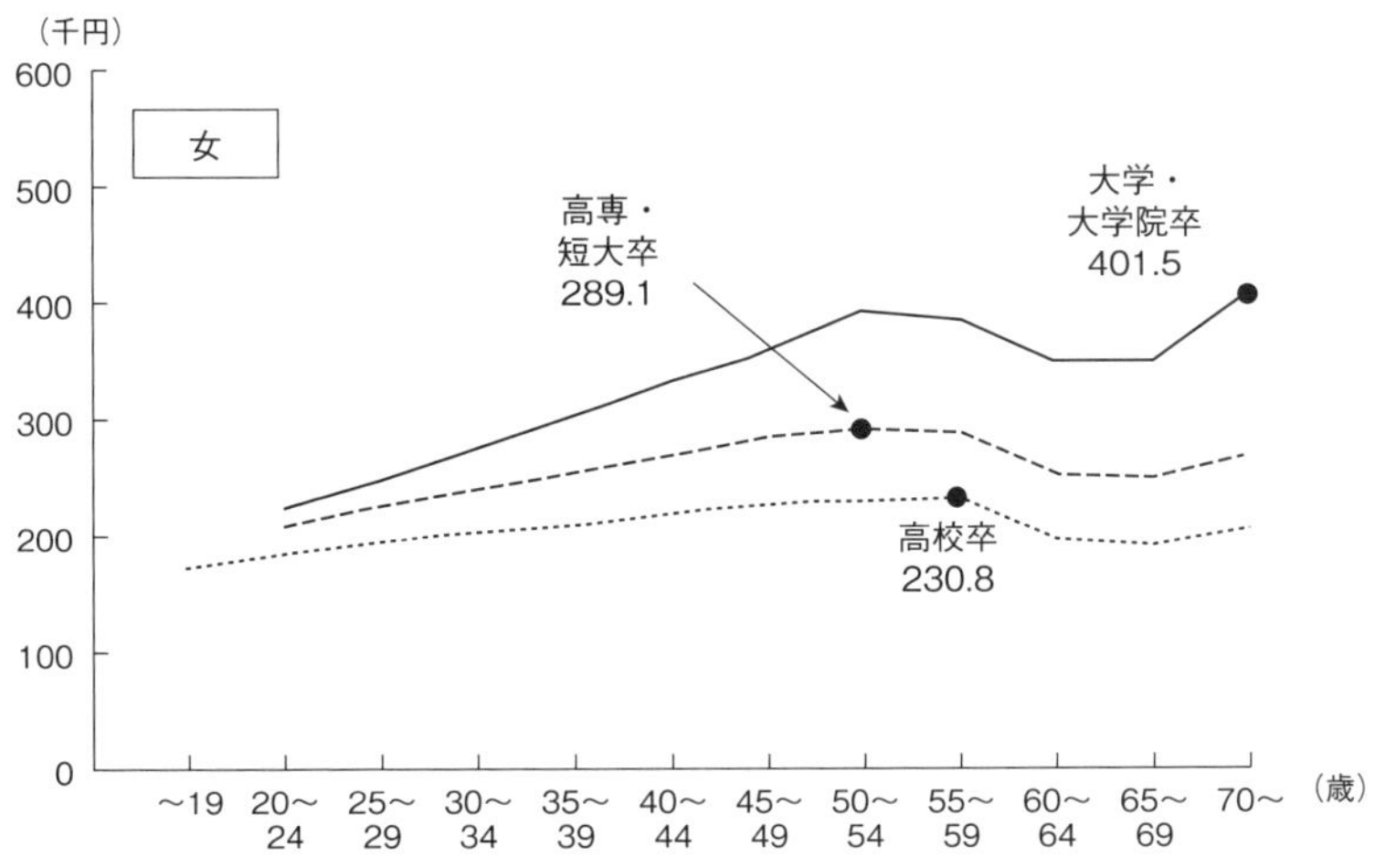

学歴別にみた男女の賃金カーブ。厚生労働省「平成 30 年賃金構造基本統計調査の概況」から

中学入試に受かるまで、成績に一喜一憂し、努力して勉強の能力を高めることを期待していた親たちは、娘が中学に入ると期待することをやめてしまった。そして花嫁修業へと駆り立てる。いつのまにか進路を「女の子向き」に誘導され、専業主婦になった私の同級生はたくさんいる。

はっきりとキャリア志向を持つ娘は、人並みを求める母と対立する。そこまで自覚的でない娘は、モヤモヤとした気持ちを抱えて主婦の道へと誘導される。しかし経済的に恵まれた男性と幸せな結婚ができるとは限らない。結婚や出産、あるいは離婚で、思わぬ苦労を負わされるかもしれない。結婚しないかもしれない。そんな思わぬ事態が起こったときに、自分で選んだ道でなければ後悔は大きくなる。母親を恨むかもしれない。葛藤の原因がこのような女性差別にあるのだとすれば、無用な後悔や親子間の対立を招く差別は解消すべきである。

なぜ「女の敵は女」なのか?

学校内ヒエラルキー

私が私立女子校でいじめにあったのは、中学二年生のときだった。新しいクラスには、一年生のときに仲よくなった子が誰もおらず、私は困った。周りはすでに一年生のとき以来の仲よしグループが固まっていた。昼休みはそれぞれクラス内のグループごとに食事しており、独りで食べる勇気はなかった。

そこで、ちょっと強引にあるグループに入れてもらったのがまずかったらしい。にこやかに対応してくれるその子たちと過ごしてしばらく経った頃、ロッカーにレポート用紙に書かれた手紙が入るようになった。少し幼いがきちんとした字で書かれたその手紙には、「学年中の子が、あなたを嫌っています」とあった。

手紙は三日にあげず私のロッカーに入れられるようになり、三枚ぐらいにわたって、私がいかに嫌な子か羅列してあった。毎日、ロッカー室に行くのが怖くなった。学校も行きたくなかったが、母親が許してくれるとは思えず、毎日重たい気持ちを抱えて通った。

その後、そのグループから離れ、親しくなった隣のクラスの子と一緒に食べるようになると、手紙は途絶えた。そして、中学二年で入った演劇部で仲がいい子たちができ、一緒に遊びに出かけたりして夏休みを楽しく過ごすうちに、私は少しずつ回復していった。

学年内には、ヒエラルキーができていた。

「ハシゴを外された少女たち」の項で書いたように、学校行事でリーダーシップを発揮する子たちは、カリスマ性、クリエイティブ能力の高さなどでトップにいた。彼女たちがかっこよく見える能力を発揮できたのは、本人の天性と努力だけでなく、音楽やダンスなどにお金をたっぷり消費できる恵まれた家庭環境もあったと思われる。知識や経験がなければ、その分野で創造力を発揮することは難しいからだ。

また、ファッションセンスがいい子たち、テニス部に入っている子たちも、一目置かれていた。センスのよさを発揮するにも経験がいる。つまりお金がかかる。テニスも道具をそろえるお金がかかる。つまり、ヒエラルキーの上のほうにいる子たちは、豊かな階層で育つ子たちだった。

そういった一部の子たちの下に、そこそこかわいく、ふつうにコミュニケーションができる真ん中の階層の子たちがいる。彼女たちは高い能力で目立つことはなかったが、人当たりがよく人海戦術のときには十分に力を発揮した。

私は、ヒエラルキーの一番下位または下から二番目の層にいた。下の階層は「変わっている」と思われ協調性が低い子が集まっていた。私のグループは、ママハラを受ける仲間でもあった。すくすくと育っておらずどこか暗い私たちは、周囲から「めんどくさい子」と思われていたかもしれない。親から常に話をスルーされるので対話能力が育っておらず、服装も幼くダサく、髪型も全然イケていない私が、能力と親の経済力で測られるヒエラルキーの下位になるのは必然だった。下位にいると、肩身が狭い。

ヒエラルキーは、親の経済力と家族関係の両面において、恵まれた層から順に形成されていたのである。

学校内ヒエラルキーは、同級生たちにかかわる限り消えないのかもしれない。その厳しさを再確認したのは、社会人三年目、二五歳で同窓会に参加したときだった。大人になって少しはかっこよくなったかと思ったのに、相変わらず私を相手にしてくれる人は少なく、居心地が悪かった。スピーチをしながらみんなにウケているのは、学年リーダーを務めた子ばかり。その後は、同窓会のお知らせは届く端からごみ箱に捨てている。

グループ行動を迫られる暗黙の圧力、能力やルックスを比べ合ってヒエラルキーをつくる女同士のなわ張り争いは、中高時代でうんざりした。私は最近まで自由な校風の母校の価値を認識できずにいたが、それはこういった人間関係のわずらわしさがトラウマになっていたからである。

なぜヒエラルキーができるのか

女子の世界にはヒエラルキーがつきものである（男子の世界についてはくわしく知らないので、本書では考慮しない）。考えてみれば、小学校で転校した直後にいじめにあったのも、女子の中のボスを私が知らずに否定してしまったことによる。

一九九〇年代に大ヒットし、国内外でドラマ化された少女マンガ『花より男子』（神尾葉子、集英社『マーガレット』で連載、一九九二〜二〇〇八年）には、ヒエラルキーがはっきりと描かれている。物語は、エリート男女が集まる私立校を舞台に展開する。主人公の牧野つくしは、貧乏なのにその学校に入っていじめにあう。この学校には男子もいるが、男子は彼女を差別しない設定になっている。マンガの中で展開される女子同士のいじめとヒエラルキーは、私が体験したことの拡大版だった。生徒同士の経済格差が大きい学校ではありがちなのだろう。

ヒエラルキーの問題は、少女時代で終わりではない。映画化もされた有川浩の小説『阪急電車』（幻冬舎、二〇〇八年）には、主婦グループでいじめられる女性が登場する。そのグループにはボスの女性がいて、彼女に皆は従わなければならない。連ドラなどでも、その手の女性グループ内でのいじめはよく描かれる。

一九九〇年代によく聞いた、ＯＬの世界で年長女性が後輩女性にいばる「お局さま」も、ヒエラルキーが成立していることを伝える。二〇〇〇年代になってあまりこの言葉が聞かれなくなったのは、ＯＬが派遣社員に置き換えられていったことで、階層が分けられたからだと思われる。それはつまり、ヒエラルキーが同質集団の中で生まれることを意味している。

ヒエラルキーは、ＯＬ、主婦など男性社会のサポート役を求められる女子社会でより鮮明になる。その集団でリーダーとなっても、集団の外でその地位が顧みられることはない。彼女たちは、能力を認め発揮できる場から締め出されている。持て余した能力を発揮したいがために、疑似的な権力構造をつくるのではないだろうか。

私が通った女子校は、自由な校風で生徒たちの自主性が尊重されていた。それでもヒエラルキーができたのは、その力を発揮できるのは学内だけで、卒業後は能力を発揮することを、親たちから期待されていなかったからだろう。「今しかない」という切迫感が、彼女たちを一方で輝かせ、一方で上下関係をつくらせたのかもしれない。

その話で思い出すのは、高校の卒業アルバム制作時のエピソードだ。なぜか卒業アルバムには、巻頭ページに一人一人のポートレートが掲載されていた。学校で下位グループにいる鬱屈を抱え、ママハラを受ける日々にもうつうつとしていた私は、そんな暗い自分を写されるのが嫌でたまらなかった。

しかも、アルバム委員会の打ち合わせで、顧問の男性教師が「今が一番きれいなときだから」と言いきるので、深く傷ついた。それは、学校を出たら人生は下り坂と決めつけるような言い方だった。まだ何もしていないのに、もう主役人生が終わりとされたらたまらない。あのできごとが遠い昔になった今、その教師の言葉が、当時の社会の感覚を象徴的に表していたことに感心する。それは均等法が施行された年だったが、現実は補助職に就き、結婚したら家族に尽くして裏方に回る女性が圧倒的多数だったからだ。

ＯＬたちの虚無感

主婦たちは、もちろん社会的な権力を持たない。専業主婦には、自分で稼いだお金がなく、社会的な地位もない。家事で家族の心身の健康を保っても、子どもを慈しんで彼らの可能性を伸ばしてやっても、陰になっているその貢献が評価される機会は限られている。

ＯＬという身分も、権力とは無縁だ。数年で結婚退職することを前提に、男性社員のサポート役として入社した彼女たちが行うのは雑用ばかり。

そういうＯＬたちの生態と、背景にある社会構造を分析したのが、『ＯＬたちの〈レジスタンス〉』（小笠原祐子、中公新書、一九九八年）である。バレンタインデーの贈りものに差をつけることで、気に入らない男性に仕返しをすることや、一九八七年に『週刊文春』（文藝春秋）で始まった大ヒット連載「おじさん改造講座」などで、会社の中にいる男性を揶揄することがＯＬたちに許されていたのはなぜか、などを分析する。

第一章のタイトルは「「女の敵は女」のウソ」。女性は嫉妬深く度量が小さく、視野が近視眼的だと言われるが、「少なくとも企業で働くＯＬの場合、そのような「女性に固有の性質」と言われるものが、女性同士の団結を妨げている主因であるとは思われない。ＯＬの連帯を難しくしているのは、学歴の異なる女性の人事方針が矛盾に満ちたものであることや、仕事と家庭の不可分性によって互いの課題や目標、心配事や悩み事などが異なることであると考えることができる」と指摘する。

ＯＬの立場があいまいなのは、企業が彼女たちを結婚までの腰かけと決めつけ、長期的に育てようとしないで、雑務ばかりを与えてきたためである。

平成の初め頃、総合職の女性に責任がある仕事を任せない、逆に未経験なのに企画を担当させるといった無茶な抜擢をするなど、ちぐはぐな待遇をする職場が目立ったのは、女性を男性と同じ能力を持つ人間、と見ることができない男性が多かったからではないか。

ＯＬは、お茶くみ、コピー取り、文書の清書といった雑務を専門的にこなす。そんな役割をわざわざ設けたのは、雑務をしなくて済むと男性の業務がはかどるためである。

そして、同書が出る前後から、ＯＬたちの業務が派遣社員など非正規雇用の従業員に移されていったのは、不況が深刻化して企業の業績が下がってきたこと、またその不況ゆえにＯＬたちがなかなか退職しなくなって人件費がかさむようになったことが原因である。そもそも雑務専任という社員は、常に利益を上げなければならない株式会社にとって高コストだと、ようやく企業側が気づいたからである。

ＯＬたちは「社内妻」とも呼ばれた。彼女たちは男性社員が雑務にわずらわされず快適に過ごせるよう環境を整える役割も求められていたからである。その言葉は同時に、会社員の妻である専業主婦が、夫を心地よく休ませるためにめんどうな雑務を家庭で引き受けてきたことを示す。多くの女性は、家庭でも社会でも、男性のためのサポート役であることを求められていたのである。

男性がクリエイティブな仕事に専念し、企業の業績を伸ばせるよう、周辺の雑務を引き受けるのがＯＬであり主婦である。雑務は人が生活を営むと必ず発生し、誰かがしなければならない。

職人の世界でよくあるように、まず雑務を通して仕事について知り、その後だんだんと複雑な仕事を任されるようになるしくみなら、雑務にも意味が生まれる。キャリアへの道が見えているからだ。しかし、雑務だけでは達成感がなく、人間的な成長を感じられることも少ない。

ＯＬや主婦が日々のむなしさを感じて退職したり病んでしまうのは、成長欲求を満たすことができないからである。主婦たちの孤独の苦しみ、ＯＬたちの自己実現願望は、サポートの仕事に専念するむなしさから来ている。

「郊外の専業主婦」でも書いたように、主婦の孤独は昭和後期から何度もドラマなどで描かれてきた。「金妻」や「不倫」という言葉を流行させた連続ドラマ『金曜日の妻たちへ』の三作（一九八三〜八五年）や、一九九五年に公開された映画『マディソン郡の橋』は、主婦が恋をして変化する物語である。それらの作品がヒットしたのは、生きる手ごたえと直結する恋愛体験に憧れる女性が、大勢いたからだろう。

専業主婦が少数派になりシングル化が進んだ二〇〇〇年代になると、OL生活に見切りをつける女性が描かれるようになる。代表的な作品は、連続ドラマの『すいか』（日本テレビ系）と、ロングランとなった映画『かもめ食堂』である。『すいか』は、信用金庫に勤めるOL役を小林聡美が演じる。彼女には、仕事のむなしさに叫びたくなる瞬間がある。小泉今日子が、三億円横領という形で発散させ、逃亡生活を送る元同僚役を演じている。『かもめ食堂』の登場人物たちの前職はわからないが、フィンランドでカフェを開き、町の人たちに受け入れられたことで元気になっていく日本人女性たちの物語である。

現実社会では、一九九〇年代から商社など一部上場企業のOLが突然会社を辞め、語学留学などをしていた。NHKが一九九五年に放送した『アグネス・チャン、羽仁未央の香港ドリームをもとめて』は、香港にビジネスチャンスを求めて移り住んだ女性たちのドキュメンタリーである。OLたちのバイブルとまで言われた首都圏情報誌『Hanako』（マガジンハウス）は、一九八九年一二月二一日号で、「外国で暮らす…。」という特集をしている。均等法が施行されたばかりのバブル期から一九九〇年代にかけて、日本に見切りをつけて外国へ活路を求める女性がたくさんいたのである。

主婦もOLも、自分が主役になれる人生を求めていた。それは既存のレール上にはなく、恋や、海外で認められる仕事をすることで得られるように見えた。

バブル期の一九八八年、女性の自立を説いた一九八〇年前後の『クロワッサン』（マガジンハウス）に感化され、結婚もしないで自分を活かせる場を探す女性たちを批判的に描いた『クロワッサン症候群』（松原惇子、文藝春秋）がヒットした。本が出た後も、自分を活かす場が見つからずにさまよう「クロワッサン症候群」は生まれ続けていたのである。

現実の婚外恋愛は不幸を呼ぶことが多いし、具体的なビジョンもないまま海外に飛び出しても成功できる可能性は低い。だから、多くの女性はドラマや映画の世界にひととき遊ぶことでむなしさを発散しようとしたのである。

「女の敵」になる女とは

主婦やOLの多くは、リスクを冒して持っているものまで失いたくないので、現実と折り合いをつけようとする。しかし、中にはヒエラルキーをつくってボスになったりいじめをすることによって、いらだちを発散する人もいる。女の敵になってしまうのだ。そのメカニズムをていねいに解説したのが、精神科医の水島広子が書いた『整理整頓　女子の人間関係』（サンクチュアリ出版、二〇一四年）である。

同書では女の敵になってしまう女性たちを、かぎかっこつきの「女」と定義し、次のように分類する。

自分より恵まれた女性に嫉妬し、足を引っ張ったり幸せを奪い取ろうとする。

表ではよい顔をしていても、裏では陰湿にふるまう。

男性の前では、「かわいい女」や「頼りない女」を演じる。

自分だけが好かれようとする。

恋人ができると、すべてが恋人優先で女友だちには無礼な態度を取る。

すぐに群れたがる。

自分とは違う意見やライフスタイルを許容できない。

感情的に敵や味方を作る。主語は「私は」ではなく「ふつうは」「常識的には」。

陰口などネガティブな話が好き。

間接的であいまいな話し方をしながら、理解してもらおうとする。

相手のことを自分が一番わかっている、という態度で相手を決めつける。

驚くのは、この半分に私の母親が当てはまることだ。実際、同書は母と娘の問題も解説している。家族も含めて、女性同士の人間関係は、こういう「女」がいることで難しくなっているのかもしれない。

では、なぜ女性の中にはめんどくさい「女」がいて、同性の敵になってしまうのだろうか。

同書は、「「女」が持つ特徴の多くが、虐待やいじめなどにより他人から傷つけられてきた人たちに見られる特徴と共通している」ことを指摘し、「いつも自分を否定されて育ってきた人は、自分の意見と違う意見を持っている人を見ると「自分が否定された」と感じがちだということが知られています」と例示する。

それは母から否定され、学校でいじめられた私のことではないか。改めて先のリストを読むと、私にも当てはまる項目がある。そして母が私よりもっと多く当てはまる、ということは、私が知らないだけで、母も少女時代につらい思いをしたことがあるのではないか。そうして否定が否定を呼んできたのだ。私は幼い頃から自分の進むべき道が見えていたので、あまり「女」でない方向にだんだんと進むことができた。しかし、女性が主婦へと誘導された時代に大人になった母には、自分が進みたい道が明確にあったわけではなかったことが災いして、娘にママハラをし続けて疎まれる「女」の道を進んでしまったのかもしれない。

同書には、社会構造的な原因も書かれている。その中で最も大きいのは、女性が「男性から選ばれる性」であることだ。「この問題の本質は、女性の陰湿さにあるのではなく、主に外見によって「選ばれる」という受動的な立場に置かれていることにある」と同書は指摘する。

選ばれなかった「女」は、選ばれた女に嫉妬する。彼女たちは「相対評価の世界に生きている」から、常に他人と自分を比較してしまう。基準が自分にないから、価値観が揺らぎ自信を持てない。精神的に自立することができないのである。

相手との関係性に注目する「女」にとって「重要なのは「自分がどうしたいか」よりも「どうすれば相手から好かれるか」なのです。どこまでいっても受動的に、他者からの評価に自分の価値が委ねられてしまうということは、「女」をとても無力な存在にします」と指摘する。自分の価値が他人任せで決まるのは苦しい。だから彼女は、ほかの女性に嫉妬するのかもしれない。

社会においても家庭においても、サポート役を求められてしまうことも関係している。「物事に率先して取り組むよりも、男性の陰に隠れて、そのサポート役に徹する、という姿勢になってしまうのです。こうして自分の意見を主張するよりも、相手の顔色を上手に読み、気の利いたことをする「女」がますます完成していきます」とある。

私は女子校に通ったので体験しなかったが、共学で女子は副部長など補助的な役割に回りがちで男子に頼ることも多いという。家庭や社会で、大人の顔色や周囲の空気を読み、進んでサポート役に回る女子はたくさんいる。

同書は、「「女」は「察すること」を期待され、うまく察することができると「気が利く」とほめられる」「つまり、「女性らしさ」として求められていることの一部は、「相手の領域」を侵害する性質のもの」と指摘している。女性が女らしさを発揮すればするほど、めんどくさい人になってしまう部分があるのだ。

「女」は周りから、場合によっては親から傷つけられることで生まれる。社会全体に張り巡らされた「女らしさ」を求めるしくみも、「女」を生む。

過去は変えられないし、社会を独りで変えることはできないが、同書には処方箋も書かれている。主体的に生きること、「女」のありのままを認めて話を聞くこと、あるいは受け流すこと、「ちょっと変わった人」と思われるポジションに自分を持っていくなどの方法がそれだ。現実問題として、めんどくさい「女」が身近にいる人には役に立つだろうし、実は自分が「女」だったという人は、変わるきっかけをつかめるかもしれない。

めんどくさい「女」も、ママハラをする女性も、日々をむなしく過ごす主婦やOLも、実は男性中心につくられ、女性をサポート役にするしくみに問題の原因があった。女性を分断しているのは、女性も自分の人生を生きる同じ人間であることを忘れ、自分たちを助けてほしい、ラクをさせる役に回ってほしい、と願う男たちがつくった社会である。

主体的に生きないようにしくまれた社会に、女性たちは暮らしている。ストレスがたまって嫌な「女」になる危険は女性なら誰にでもある。

それを避けるためにできる具体的な行動は、主語を「ふつうは」ではなく、「私は」と置き換える。一人で行動する。選ばれるのを待つのではなく、自ら選んで生きていくなど。選ばれるのではなく、選ぶ人間になるのだ。誰かが決めた女性らしさに自分を押し込めることはない。自分で決めて自分らしく生きることは勇気を必要とする場合もあるが、自分を中心に置いて生きていくことは、不幸を誰かのせいにしないで自分で責任を持てる人生を歩むことにつながる。その結果、想像以上に達成感のある道が開けるかもしれない。

少なくとも私は、人生の折り返し点に至って求めていたものが手に入りやすい人生になってきたと思っている。自分の道をまっすぐに進もうとがんばっていると、いろいろな人が助けてくれる。私を変えてくれたのは、助けてくれたたくさんの人たちである。ママハラをたくさん受けて、ネガティブに物事をとらえやすい部分も、自分とは違う意見を出されると「否定された」と感じる傾向も残っているが、少しずつ寛容な自分を手に入れている。

主体的に生きられるのは、私が自分の意見を社会に伝える仕事に就いているからだけではない。私は、精神的自立を果たし主体的に生きている主婦を何人も知っている。だからそれは、主婦やOLという立場を変えられない人でもできる。一人一人が変わっていけば、社会も変わっていかざるを得なくなる。最終章は、平成の時代に起こったいくつかの女性たちの活動や物語から、変化の胎動を探りたい。

注6　女性雇用者数とその割合は、厚生労働省『平成27年版働く女性の実情』及び富永健一『社会変動の中の福祉国家』（中公新書、2001年）によると、1955年以降、オイルショック後の1975年を除いて

一貫して増加。1965年は31・4%、1970年は33・2%である。

注7 国勢調査によると、一般世帯に占める核家族世帯の割合は1970年に56・7%、1975年に59・5%である。総務省統計局「労働力調査結果」によると、男性の就業者に占める雇用者の割合は1970年に71・5パーセントである。「国勢調査」によると、全有配偶者に占めるサラリーマンの妻の割合は約6割。

注8 WEB記事、舞田敏彦「データえっせい」2010年12月19日「専業主婦の消滅?」より。

注9 産経ニュース2018年2月10日付記事より。内閣府が同年2月10日に公表した「家族の法制に関する世論調査」によると、選択的夫婦別姓制度導入に向けた法改正について、反対は29・3%。調査実施は2017年11月~12月。

注10 2019年2月15日発表の総務省統計局「労働力調査」より算出。

注11 活水女子大学石川由香里教授が2011年に行った『「若者の性」白書 第7回青少年の性行動全国調査報告』(小学館)をもとにした記述。

注12 朝日新聞2018年4月7日の記事によると、授業は3月に行われ、同月に行われた都議会文教委員会で自民党議員の古賀俊昭が学習指導要領の範囲を超えている、と問題視。区教育委員会に改善を求めて指導している。この問題は新聞各紙その他のメディアが報じ、インターネット上で抗議の署名運動も起こった。

変わり始めた女性たち

本章では、平成以降に描かれたマンガや映画、ドラマ、写真など、アートやエンターテインメントの世界における女性の変化を取り上げる。アートやエンターテインメントは、時代を反映すると同時に、「こうであれば望ましい」という理想形を描き出す。描かれた女性の物語の中には、家族や仕事を題材にしたものもある。そのイメージから、私たちがどう変わってきたか、そしてどのように変わればよいのかが見えてくるだろう。

まず、作者の性別にかかわらず描かれた女性を紹介し、次に女性の表現者とその作品を紹介する。近年、さまざまな分野で活躍する女性がふえてきたが、アートやエンターテインメントの世界も例外ではない。私たちは長く、男性が描いてきた女性像を、理想あるいは自分のうつし身だととらえてきた。しかし、女性自身が描く女性像はまた異なっている。その作品からは、どのような世界が浮かび上がるだろうか。

シンデレラ・ストーリーの進化

画期的だった『エバー・アフター』

ハリウッドで女性の描き方が変わった、と思ったのは一九九九（平成一一）年に日本で公開された、ドリュー・バリモア主演の『エバー・アフター』を観たときである。それは、誰もが知っている昔話の『シンデレラ』を、現代的な物語として描き直した作品だった。

昔話の『シンデレラ』は、受動的に見える。継母にはこき使われるばかり。王子の花嫁を選ぶ舞踏会にも、魔法使いがすべてセッティングしてくれて、ようやく出かける。落としたガラスの靴についても、呼ばれるまで自分から履いたりしない。周りに命じられるままに働き、用意してくれるから前に出る。そして周りのセッティングで結婚に至る。

しかし『エバー・アフター』は、自らの知性と機転を生かす積極的な女性ダニエルとして描いた。魔女も登場しない。継母と再婚した父は亡くなり、ダニエルは、生活のために農園で働いている。しかも、王子とデート中に山賊に襲われると、自ら王子を救い出すたくましい女性である。この人にならば国を任せられる、と納得できる物語になっていた。

『マイ・フェア・レディ』と『プリティ・ウーマン』

「シンデレラ・ストーリー」は、このようにくり返し翻案されてきた昔話を彷彿とさせる女性のサクセスストーリーを指す。ハリウッドはくり返しシンデレラ・ストーリーを描いてきたが、その形は時代によって変化している。

古典的作品としては、オードリー・ヘプバーン主演のミュージカル映画『マイ・フェア・レディ』がある。公開は一九六四（昭和三九）年。ロンドンに住む言語学者、ヒギンズ博士は言葉で人を変えられるか、と友人と賭けをし、下町の花売り娘、イライザを住み込ませ、上流階級の言葉を教え込む。ドレスを着こなしマナーも教わって、上品になっていくイライザとヒギンズ博士はやがて恋をする。しかし、ヒギンズは高圧的で、イライザを実験動物のように扱うときもある。

バーナード・ショーの原作『ピグマリオン』では、イライザは博士を捨て、途中で出会った富裕階級の青年と出ていくが、映画で青年は片思いで終わる。ラストを変えたところに、ハリウッドの時代的限界が見える。当時はアメリカでも、女性が専業主婦になって男性に保護されることが当たり前だったからだ。いかに博士がパワハラをしようと、富裕層への切符をくれた恩を仇で返すイライザの選択を、ハリウッドは受け入れられなかったのだろう。

次にシンデレラ・ストーリーと言われた大ヒット作は、一九九〇（平成二）年公開の『プリティ・ウーマン』である。実業家のエド（リチャード・ギア）は、ビバリーヒルズに仕事で滞在中、ハリウッドの路上に立っていた売春婦、ビビアン（ジュリア・ロバーツ）と出会う。一週間の契約を交わし、ビビアンはエドが滞在するホテルに泊まる。

ビビアンは彼が仕事でいない日中、ホテルの支配人の手助けでドレスを買い、テーブルマナーも身に着ける。彼女の言動から垣間見える知性に惹かれるエド。恋をした彼女は、約束の金を受け取らずに去る。改めて高校から人生をやり直そうと決意するが、そこへエドが迎えに来てハッピーエンドとなる。

こちらも見どころは、ジュリア・ロバーツの変身ぶりだ。下品な服装から高級なドレスに着替え、マナーを身に着けてどんどん洗練されていく。しかし、一度は知性を磨こうと決意した彼女は、実業家と結婚した後も学ぶ意欲を持ち続けられるのか。そして彼は彼女を愛し続けるのか。将来を考えると危ういラストである。

日本はバブル経済のピークだった一九九〇年。映画にも日本企業が登場し、M&Aビジネスを手がけるエドの描写が当時の世相を表す。女性は意識が変わり、活躍する舞台を広げつつあったがガラスの天井はまだ低い時代だった。もちろん日本でも、結婚か仕事か選ばなければならない女性が多数派を占めていた。

『プラダを着た悪魔』

王子は不要？・『プラダを着た悪魔』

もはや王子が必要ない女性の自立物語として、私が個人的にシンデレラ・ストーリーだと思ったのが、二〇〇六年に公開された『プラダを着た悪魔』である。原作はアメリカのベストセラー小説。一流ファッション誌『VOGUE』編集部をモデルに描かれる、仕事で成長する女性を描いたドラマがなぜシンデレラ・ストーリーかというと、主人公のアンドレアを演じるアン・ハサウェイがどんどんあか抜けて美しくなり、自分を見出す物語だからである。

名門大学を卒業し、ジャーナリストをめざしてニューヨークへやってきたアンドレアは、ファッション誌『ランウエイ』の編集部に就職。ファッション業界ににらみを利かせる鬼編集長、ミランダ（メリル・ストリープ）にこき使われる。ファッションに興味がなくダサい服装をしていた彼女をミランダは認めず、身の回りの世話まで任せる。見かねたスタイリストのゲイ男性に助けられ、あか抜けた姿に変身していくアンドレア。

しかし最終的にアンドレアは、他の出版社に転職し、センスアップしつつ、もとのトラッド系の服装に戻っている。求めるのはおしゃれな女性になることではなく、物書きとして成功することだったからであろう。

同作で男性たちは仕事仲間であり、アンドレアが変身する過程に恋の要素はない。作品の魅力は、社会で生き抜く技術やマナーを教わった彼女が、本来の自分を見つけていく過程の描かれ方にある。それは、その日暮らしで未来を考えていなかったイライザとも、金と地位を与えられた後が見えないビビアンとも異なる。男性の存在は大幅に後退し、女性は自ら未来をつかみ取る。

アメリカで現実の女性の地位がどこまで上がったかわからないが、一九九〇年代にファーストレディを務めたヒラリー・クリントンが、二〇〇八年と二〇一六年に大統領候補になるなど、政治の分野で女性の活躍が目立つようになった。

どの作品もそれぞれ、ハリウッドから世界に発信され、多くの女性たちの心をつかんだ。時代に応じたシンデレラたちが、スクリーンの上で輝きを手に入れている。女性たちは理想の夢を彼女たちに見る。

男性の役割と意識も、三作で大きく変わっている。しかし、一貫している女性像がある。それは、知性を持っていることである。アメリカでは、知性ある女性が美しさと人生の成功を手に入れるということなのだろうか。

三作とも、女性の変身願望を投影してヒットしたが、その欲望は男性の愛を得るため、というより自分自身が満足したいからのように見える。美しさは、自分の魅力が何かを知り、それを見える形で表現したときに表れる。知性はその表現力の源なのである。

『マイ・フェア・レディ』から半世紀余り。ハリウッドではさまざまな映画がつくられてきたが、近年シンデレラ・ストーリーだけでなく、女性の描かれ方がずいぶんと変わった。

俳優のロザンナ・アークウェットが自らメガホンを取り、映画俳優として生きる女性たちにインタビューした二〇〇三年公開のドキュメンタリー映画、『デブラ・ウィンガーを探して』では、有名俳優たちが口をそろえて、「ハリウッドで女性は恋人か母親役」と語っていた。

しかしその後、戦うヒロインを描く映画もふえ、中年以上の女性がラブストーリーの主演をする、社会で活躍するといった姿も描くようになった。結婚して終わりではない人生も、男性に伍して働く女性も、今や映画に登場して違和感がない存在になっている。それは、女性の監督、脚本家、プロデューサーがふえたことと無関係ではないだろう。

では、日本のメディアで女性はどのように描かれてきただろうか。次節以降はその変化を探っていきたい。

『ハッピー・マニア』が解いた呪い

一九七〇年代の少女マンガ

まず、少女マンガが描く恋愛の話から。マンガが柔らかい心を持つ子どもに与える影響は大きい。母から抑圧されていた私が、自分の人生を切り開けると信じられたのは、自活して花開いていく女性を描いた大和和紀や槇村さとるの作品群のおかげだろう。しかし、何より大きかったのは、恋愛観への影響である。

私が最初に出合った少女マンガは、小学校に上がって間もなく友だちから借りた演劇マンガ、『ガラスの仮面』（美内すずえ、白泉社『花とゆめ』『別冊花とゆめ』で連載、一九七六年〜）である。続いて、全巻揃えた『キャンディ・キャンディ』（水木京子原作、いがらしゆみこ作画、講談社『なかよし』で連載、一九七五〜七九年）と『はいからさんが通る』（大和和紀、講談社『週刊少女フレンド』で連載、一九七五〜七七年）を、ストーリーを覚え込むほどくり返し読んだ。『キャンディ・キャンディ』のテレビアニメももちろん観た。この二作については、のちほど改めて紹介する。

私が少女だった一九七〇年代は大恋愛を描く少女マンガが目立ち、出生の秘密やら記憶喪失などの不幸が次々と主人公を襲う物語がたくさんあった。

私が恋愛に不器用な青春時代を送ったのは、母のせいだけではなく、きっと少女マンガの影響も大きい。何しろ、恋愛の技法は学校ではもちろん、親からも教わらない。特に昭和後期の少女たちは、見合い世代の親が恋愛への抵抗が大きかったため、恋の話は気楽にできなかった、という人が珍しくない。

そこで少女たちは、友だちと相談し合って方法を探り、雑誌の記事などでノウハウを探した。何より具体的な事例が豊富で、やり方を伝授してくれる先生が少女マンガだった。

私が最初に衝撃を受けた恋愛物語は、小学生のときに読んだ『アラベスク』(山岸凉子、集英社『りぼん』と白泉社『花とゆめ』で連載、一九七一~七五年)だった。同作は、ソビエト連邦(当時)を舞台に描かれたバレエマンガで、主人公のノンナは、スターのユーリ・ミロノフに見出されてプリマドンナに成長していく。舞台を前に緊張しすぎたノンナに、ユーリがキスをして落ち着かせるシーンが印象的で、「キスには、動揺を落ち着かせる効果がある」と心に刻み込んだ。

『砂の城』(一条ゆかり、集英社『りぼん』で連載、一九七七~八一年)も夢中になって読んだ。何しろ主人公のナタリーの恋は、苦難の連続だ。行方不明になった恋人を探し出したナタリーは、彼が旅先で記憶喪失になり、別の女性と結婚してしまったことを知る。彼とその妻は自動車事故であっけなく逝き、忘れ形見である息子を引き取って育てるナタリーはやがて、葛藤しながらも成長した彼に恋をする。そして苦しい恋に生きた人生を、彼と一緒のベッドで眠っているうちに終える。「私もこんな死に方をしたい」と憧れつつ、遺された恋人がかわいそうで気になった。

少女マンガの呪い

マンガ研究者の藤本由香里の『私の居場所はどこにあるの?』(朝日文庫、二〇〇八年)によれば、少女マンガの恋愛パターンは、一九七二（昭和四七）年に『りぼん』（集英社）で発表された『9月のポピィ』（一条ゆかり）で型が定まっている。

それは、「いつも最終的に恋に勝利するのは、手練手管にたけ、さばけたセリフをはける大人の女よりも、ストレートに思いをぶつける、ひたむきな主人公」というもの。その設定により、見合い結婚が珍しくない時代には遠い憧れだった恋愛が、平凡な少女に身近なものになった。肝心なのは、少女マンガにおいて「〝一途な愛は必ず勝利する〟という黄金のテーゼ」が確立した点である。

この考え方に染まると、少女たちは見込みのない恋を続けてしまう。そして相手が受け入れてくれる日を待って愛情を示し続ける。自身の恋愛に対する態度も、原型は少女マンガにあったと告白する藤本は、こうつけ加える。

「「愛の尊さ」を信奉することの弊害は、女に恋をあきらめさせないことだけではない。それは「愛」の名において女にどんなことでも可能にさせる。（中略）一途な愛というのは、どこまで自分のエゴイズムに打ち克って相手の幸福を考えられるか、自分を抑えられるかにかかっている。女の愛は自己放棄を強く内在している」

女性に自己犠牲を求める呪いは、少女マンガにも埋め込まれていたのである。

昭和家族の愛情神話

少女マンガの呪いは、実はこれまで論じてきた昭和家族や女性差別と密接な関係がある。順を追って説明しよう。

「昭和家族」という言葉は私がつくった造語で、社会学ではこれを「近代家族」と呼んでいることは、前章でも書いた。「現代」という言葉が似合う昭和に普及した家族の形態に「近代」とつくのは、このタイプの家族が、産業革命で生まれたサラリーマン層が多数派になり広まったからである。日本より先に欧米で近代家族は普及している。

近代家族は、両親と子どもの血縁だけで構成される核家族で、愛情によって結びついているとされる。それまでの時代に主流だった、夫のきょうだいや使用人が同居する家族ではない。メンバーが参加すべき家業もない。

近代家族のメンバーを結びつける「愛情」にトリックがある、と見抜いたのは、「パラサイト・シングル」「婚活」という言葉をつくって流行らせた社会学者、山田昌弘である。山田は『近代家族のゆくえ』(新曜社、一九九四年)でこの問題に取り組んでいた。同書から近代家族のトリックについて考えてみよう。

近代家族は、妻が家庭で働いて夫を支え、夫は仕事に専念して資本主義経済を支えるしくみである。このとき、妻が休日も報酬もない家事・育児・介護を全面的に引き受けるのは、愛情ゆえとされる。根拠は「女性が本来「情緒的存在」であるという神話である」。母性愛神話も同じ根拠に基づいている。女性が家族のために自然に愛情を感じ「家族の世話を自発的に引き受けるはずだ」という考え方が、女性を家庭に押し込めてきたのだ。

女性は愛情を豊かに持つべきとされているので、「愛情がない」という批判は、人間性の否定につながる。恋愛は、そういう女性が愛情を満たす家庭を築く前段階、と位置づけられる。「他人に接近したいという欲求自体は、人間がコミュニケーションを交わしているうちに自然に生じるとしても、それを「恋愛」という言葉で把握して意識させるのは、あくまで社会の側」で、近代の社会は「正しい」恋愛を、結婚と結びつける。

近代以前は、恋愛感情を結婚に持ち込ませない社会規範があったが、近代は「恋愛＝結婚したい気持ち」と位置づけた。そして恋愛結婚した夫婦は、関係を持続させるためにお互いの役割を果たす。夫は給料を持ち帰り、妻は家事労働を引き受けることで「愛情の証」を示す。こういう結婚観・恋愛観を社会学では「ロマンチック・ラブ・イデオロギー」と呼ぶ。

そのしくみが日本で確立した時代に広まった少女マンガは、ロマンチック・ラブ・イデオロギーに基づいた恋愛を描いたのである。

自己犠牲の愛は尊い？

ロマンチック・ラブ・イデオロギーが埋め込まれた呪いは、私が小学生時代にハマった二つのマンガにも見て取れる。『はいからさんが通る』では、物語のラスト近く、関東大震災で主人公紅緒のライバル、ラリサが死ぬ場面がある。初恋の元婚約者、忍は戦場で記憶喪失になって、助けてくれたロシア人女性ラリサを妻として伴い帰国していた。紅緒に再会したことで忍は記憶を取り戻したが、不治の病を患った恩人ラリサとの生活を選ぶ。初恋をあきらめた紅緒はこの日、求愛してくれていた男性と結婚式を挙げる。

被災した忍とラリサの頭上で、シャンデリアを吊るしていた鎖が切れる。いち早く気づいたラリサは、愛する忍を守るため、彼を突き飛ばして落ちてきたシャンデリアの下敷きになる。そしてこう告げるのだ。

「わた……し…のあげ…た……いのち……あなたの恋……とりもど…して……」。忍はハッとして以前のラリサの言葉を思い出す。「もし……命をかけて愛したなら……その愛を喪ったとき人は……死ぬんです」。彼女の死を見届けると、忍は命がけで愛する紅緒を救い取り戻すため、駆け出していく。

これと似た場面は、『キャンディ・キャンディ』にもある。キャンディが愛し合う俳優のテリィに横恋慕していたライバル、スザナは、舞台稽古のときに落ちてきた照明からテリィを守ろうと、彼を突き飛ばして下敷きになる。その結果、足を失い女優生命を絶たれるのだ。テリィを訪ねてきたキャンディは、スザナの一途な思いに打たれ身を引く。

これらのヒット作が生まれた一九七〇年代は、ロマンチック・ラブ・イデオロギーに裏づけられた恋愛結婚が主流になり始めた頃。恋愛する相手は結婚相手であるべきであり、女性は初めてセックスした相手と生涯添い遂げることが理想とされていた。少女マンガに描かれた命がけの恋は、恋愛が特別な体験だった時代の所産と見える。

『はいからさんが通る』

婚前交渉がふえていく一九八〇年代も、重い恋愛を描く少女マンガは人気があった。ファンタジー世界を舞台に、二代にわたる壮大な愛と冒険の物語を描いた長期連載『ときめきトゥナイト』（池野恋、集英社『りぼん』で連載、一九八二～九四年）がその一つだ。

中学校に上がった私は、『りぼん』を毎月買っていて、テレビアニメ化もされたこの作品を夢中になって読んだ。主人公は、かみついた相手に変身できる能力を持った魔界人の江藤蘭世。彼女が恋した同級生の真壁俊は、実は魔界から追放された王子だった。物語は、人間界における学園ドラマから始まり、やがて人間界、魔界、冥界、妖精界にまたがって世界を救う壮大なファンタジーへと発展する。

強力な敵に、仲間とともに立ち向かう蘭世と俊。すべての世界を支配下に置こうと立ちはだかる冥界のゾーンは、ついに俊の父、魔界の大王を殺す。絶体絶命と思われた瞬間、蘭世が丸腰で「もうやめてーっ」と戦いに割って入る。ゾーンはここぞとばかりに殺人光線を蘭世に放つ。ところが、その魔法が蘭世の周りで解けてしまう。蘭世は言う。

「あなたはいったわ　愛や友情や信頼が命とりになると……そうでしょうか　あなたはたぶんその力の深さをしらない（中略）大切なものを奪われた者の気持ちもわからない　そして大切なものを守るためにわが身を犠牲にする心も……そんなあなたに〝愛〟と〝信頼〟の石を持つ資格などない‼」

その直後、世界を統べるために必要だった宝石がすべて天界へ吸い上げられ、ゾーンは倒れる。愛情にあふれた主人公の女性は、その愛で、世界を支配下に置こうとする巨悪に勝つのである。

呪いを打ち破った『ハッピー・マニア』

自己犠牲的な一途な愛への信仰を植えつける、少女マンガの呪いを打ち破った作品が、平成に入って描かれた安野モヨコの『ハッピー・マニア』である。この作品は一九九五（平成七）〜二〇〇一（平成一三）年に女性マンガ誌『フィール・ヤング』（祥伝社）で連載され、一九九八年にはフジテレビ系で連続ドラマ化されている。主演は稲森いずみ。

主人公は、フリーターの重田加代子（シゲタ）。恋とセックスに目がない女性で、出会う男はアルバイト先で出会ったナンパ男、再会した幼なじみ、DJ、陶芸家、旅館の跡継ぎ、自称作家などさまざまだ。会社員の男性との不倫もある。出会った男と片っ端から恋に落ちる彼女が追い求めるのは、「ふるえる程のしあわせ」、本物の恋。しかしなかなかそれが見つからない。

さまざまなシチュエーションで、シゲタは濃厚なセックスをくり広げる。エロティックな場面に避妊の描写はないが、そこはフィクション。シゲタはいくらセックスを重ねても妊娠しない。もし、妊娠の危険がなければ、女もアグレッシブにセックスを楽しめる、という実験マンガとも読める。

シゲタには、実は初回から彼女を一途に思い続けるタカハシという男性がいる。書店アルバイトで一緒だった彼は、地味だが東大生で実家は大金持ち。関係を持った直後、タカハシはアメリカに留学してしまう。タカハシは一時帰国し、シゲタにプロポーズしてOKをもらうが、彼がアメリカに戻ると、シゲタはとたんに新しい男と不倫の関係に陥る。

『ハッピー・マニア』

結婚を恐れるヒロイン

経験豊富なシゲタは、しかし恋愛をよくわかっておらず、親友のフクちゃんにこう語る。「はっきりゆってオトすのは得意!! どーやれば手 出してくるか

Hにもちこめるか　百も承知!!!　しかしちがうんだ　あたしはセックスしたいんじゃなくて　彼が欲しい!!　Hすんのはその第一段階だって思うからすんの　ただ…その後…そのアトなの問題は　どうしたら続くの⁉　どうしたら「彼女」っていう確固たるものになれんの⁉」

結婚式の直後に夫から逃げ出したフクちゃんも、迷走している。

「ラブラブで「カワイイ」とか毎日言われて　最初のうちだけだったよ　あとは「空気」　そしてそのうち「家族としての愛」とか言い出してときめき求めて浮気して　口先だけでも「愛してるよ」とか「ステキだよ」なんて言ってくれやしない　あたしはそんなのイヤ」

シゲタとフクちゃんは、くり返し「恋とは何か」「結婚とは何か」を問い、悩み、放浪する。それができるのは、都会に暮らす若い二人が不安定ながらも自活しているからだ。食べていく力があれば、妥協してまで結婚する必然性はあまりない。

シゲタは、恋愛に刺激を求める傾向が強く、あえて不幸に飛び込むような真似もする。自称作家の借金取りに絡まれる生活に巻き込まれたときは、「どんなに状況キビしくても　不思議なことにいまの方が幸せだって思う」「人から見たら絵にかいたような不幸…そして幸せ　でも　これが幸せなの　今は」と思っている。

シゲタたちは、病みつきになるほどの恋のときめきと快感が、関係が安定して消えることを恐れる。そして、結婚すれば主役人生が終わることにも、気づいている。二人の怖れは、タカハシに横恋慕する女、貴子の登場で鮮明になる。貴子は昭和の少女マンガの恋をパロディ化する役回りで、憎まれ役の彼女の言動が、少女マンガの呪いを次々と打ち破っていく。

自己陶酔する女

貴子は、シゲタとの婚約が成立しなかったショックで放浪するタカハシが、旅先で出会った養蜂家の娘である。ある日、仕事を手伝っていたタカハシは、蜂に刺されて記憶喪失になる。タカハシに恋していた貴子は、これをチャンスととらえて、自分たちは恋人同士になっていたと主張する。納得がいかないタカハシは出奔する。

記憶喪失は、昭和の少女マンガが主人公の自己犠牲精神を描くためによく使った手である。『はいからさんが通る』の忍も、『砂の城』の恋人も記憶喪失になり、別の女性と一緒になってしまった。

しかし貴子は、平成に生きるほかの登場人物たちから、自己陶酔ぶりを見抜かれている。タカハシを追いかけて彼の自宅に居候を決め込むが、タカハシから、「このまま家にいてもらっても君のことを愛せるようになるか　わからないんだ」と言われる。貴子は「あたし帰らないよ‼」と健気な女を演じ、タカハシは疲れ切る。

貴子はシゲタが彼の心にいることを見抜いて、タカハシの母に相談する。母は「どこまでも昼ドラのよーなコねホントに…」と思いながら、「母のカンで言うんだけど修一（タカハシ）とあなた…おつき合いしてはいなかったんでしょ」と、はっきりと告げる。

『ハッピー・マニア』がパロディ化することで呪いを解こうとした運命の恋物語は、一九九〇年代、タカハシの母のセリフが示すように、平日昼の時間帯、主婦を対象にした連続ドラマへと舞台を移した。そして二〇〇〇年代になると、韓国から輸入した韓流ドラマがブームになる。悲劇的でロマンチックな恋物語は、虚構であるからこそ楽しめる、大人のエンターテインメントになった。そして今も、主役人生を生きることが難しい女性たちの、心の栄養源となり続けている。

『ハッピー・マニア』に話を戻そう。

追い詰められた貴子はなぜかシゲタの部屋に押しかけ、トイレに籠城する。シゲタはタカハシに電話して連れ帰るよう頼むが、タカハシは「そのまま実家に帰るよう伝えてくれ」と返す。それを知った貴子、「そうよ　あの人は変わってしまった　あなたの恋人だった修一さんとは違うのよ！　でもあたしは彼を見離したりしない……こんな　こんな愛し方あなたにできる⁉」と独りで盛り上がる。そこへタカハシが貴子を迎えに来る。抵抗するのに疲れ、「形」さえ手に入れば中身も過程も関係ない」彼女の欲望に巻き込まれることにしたからだ。会心の笑みを浮かべる貴子。

やがて、タカハシは突然記憶を取り戻し、シゲタのもとへ駆けつける。シゲタはタカハシをかわいいと思ってしまう自分に驚く。二人はここでようやく両想いになる。

タカハシは貴子との結婚話を解消しようと試みるが、貴子は記憶喪失中に自分が妊娠したから結婚するのだと新しい主張を始める。

このくだりは、昭和の名作『アリエスの乙女たち』（里中満智子、講談社『週刊少女フレンド』で連載、一九七三〜七五年）をほうふつとさせる。主人公の恋人は、遊びでつき合った女性が妊娠したため、その相手と不本意な結婚をするが、誰も幸福になれない。

貴子の嘘はバレており、彼女は式の前日、嘘だとタカハシに告白したうえで、再びドラマの世界に入り込む。「修一さんと結婚できるなら…何でもいい　何でもする　そんな風に思って強く

なれたの　そんなふうに思える人に一体…一生のうちに何人会えるだろう」

言いながら貴子は窓辺に座る。そこに地の文で解説が入る。「カーテン効果①逆光で顔よく見えない②後光がさしているように見える③今にも飛んで行きそう（はかなげ）」。どこまでも計算高い女なのである。そして二人は結婚する。セックスは相変わらずない。

貴子が陶酔しつつ行う言動は、昭和の少女マンガそのままだ。しかし、明らかに迷惑を受けている周囲の反応から、読者は貴子がストーカーじみていることに気づかされる。昭和には「ストーカー」という言葉自体がなく、異常な執着は真剣な思いと受け取られがちだった。この言葉が日本で広まったのは、一九八七（昭和六二）年に公開された映画『危険な情事』以降である。

平成以降を生きる私たちは、ときには犯罪に発展する異常な恋慕はストーキング、と知っている。だから貴子を通して、昭和のヒロインの恋も一歩間違えば犯罪的な自己陶酔だった、と気づかされるのである。

結婚する意味とは？

タカハシは結婚後、シゲタと不倫関係を始めて、貴子と別れようと試みる。シゲタのバイト先に来たタカハシを追いかけて来た貴子は「じゃあ気が済むまで…そっちにいれば？　着替えなんかはご自分でとりに来て下さい　あ　生活費の方はちゃんと入れてね　積み立てもあるから　じゃあ…シゲタさん　主人をよろしくお願いします」と去っていく。

ぼうぜんと見送るシゲタ。「生活方面とりしきってたら愛はいらないのか　それって　なんか意味あんの？」と驚く。

ある日シゲタは、急に気持ちが冷静になり、タカハシがかっこよく見えなくなってしまった。二人でセックスしながら今後について話し合い、シゲタは「あたし達はただの恋人　だから…冷めてきて普通の目にもどれば　こーゆうささいなケンカでも別れてしまえばそれっきり…でも結婚したら呪縛できるのだ　心が冷めても離れても」と、結婚の拘束力に思いを巡らせる。タカハシは、貴子と離婚するには法的根拠が薄いと悩んでいる。

二人の悩みは、結婚の意味について考えさせる。婚姻届を出せば結婚は成立したと言えるのか。男女を縛る戸籍とは何なのか。セックスの有無は、結婚の有効性にどれだけ影響するのか。籍が入っていない二人の関係は悪なのか。セックスをするステディが真の夫婦なのか、それとも籍が入っている二人が正しい夫婦なのか。

昭和の少女マンガをパロディ化し、欲望に振り回される女性たちの物語を安心して楽しめるのは、シゲタがなぜか妊娠せず、タカハシという金と地位が約束された男に愛されているからだ。もう一つポイントがある。それは、同じ穴のムジナともいえる親友フクちゃんの存在だ。彼女がそばにいる安心感が問題だと、シゲタは物語の終盤で気づく。夫とヨリを戻し、彼の転勤先の大阪へ向かうフクちゃんを送りながら、こう叫ぶのだ。「フクちゃんお願い‼　2度と東京にもどってこないでー‼　訳：あなたがいると彼氏いらないいんです‼」

心を預けられる親友がいれば、結婚は必須でなくなる。「親友」は「親」「猫」「趣味」などに置き換えることもできる。もしかすると、生活が充実している人には、結婚が必要でない時代が訪れたのかもしれない。

若い間は仕事の口をたやすく見つけられる今、刺激に満ちた都会に住む若い女性が結婚する必然性は薄れている。シゲタは違うが、着実にキャリアを積んで仕事に不自由しない女性もいる。婚前交渉に対するタブーもなくなり、気に入った相手とセックスすることもできる。

では、結婚は何のためにするのか。女性にとっては長い間、生活保障の手段だった。男性にとっては身の回りを整え食事をつくってもらう働き手の確保と、子孫を特定させる手段だった。お互いが人生を支えるパートナーになれればもっとよかった。ロマンチック・ラブ・イデオロギーを信じた昭和後半の人々は、愛のためだと言い切ったかもしれない。

しかし、昭和の終わり頃に婚前交渉に対するタブーは薄れ、平成には自活できる女性がふえていった。男性も、コンビニなどの中食や外食で食べる手段を得たし、生活能力を身に着ける人も多くなった。一方で低収入の男性もふえている。昭和家族が成立しなくなってきたのである。

もしかすると、男性にとってより利が多かった結婚というシステムに、女性が入らなくなることを恐れて、政府や経済界は女性の自活を難しくする昭和フォーマットを維持しようとしてきたのかもしれない。シゲタは、昭和家族を解体するために送り込まれた、切り込み隊長だったのではないだろうか。

『のだめカンタービレ』のカップル

家事能力が低いヒロイン

一九九〇年代に描かれた『ハッピー・マニア』は、性に能動的な女性を描き、新しい時代の女性を感じさせた。二〇〇〇年代の作品『のだめカンタービレ』も、昭和の少女マンガの恋愛を批判的に継承している。このマンガは、新しい時代を象徴するカップルの関係性を描いてみせた。女性向けマンガ誌『Ｋｉｓｓ』（講談社）で二〇〇一～一〇年まで連載され、数々のメディアに取り上げられた。上野樹里、玉木宏が主役カップルを演じて、フジテレビ系で連続ドラマ化されたのち、映画にもなっている。

クラシック音楽家をめざす若者たちの物語は、主人公の成長に合わせて、東京の音楽大学、そしてパリで展開する。主人公ののだめこと野田恵は天才的なピアノ奏者だが、天然ボケのキャラクターである。ことあるごとに「ぷぎゃー」「ぎゃひー」などと奇声を発する、子どもみたいな女性だ。住んでいる部屋が散らかり放題で料理が下手、と家事能力はかぎりなく低い。色気もなく、いわゆる「女らしさ」からほど遠い人物なのだ。

彼女の相手は、同じ大学で神童扱いされる帰国子女の先輩で、財産がある家の出。頭もよくルックスもいい指揮者志望の千秋真一である。家事能力も高い。ただし、恵まれているがゆえにできない人間の葛藤がわからない、オレ様キャラでもある。

二人が結びつくのは互いの音楽性にひかれるからだが、きっかけは家事能力の違いである。のだめの住むマンションの隣室に偶然住んでいた千秋がスランプ中で、やけ酒をあおって部屋の前で寝ているところを、のだめが見つけて自室で休ませる。目を覚ました千秋は「ゴミの中で美しく響くピアノ・ソナタ」の奏者としてののだめに出会う。のだめは掃除もろくにしないので、部屋には常にゴミがあふれかえっている。

翌日、ベランダでタバコを吸っていた千秋は、隣室のベランダから漂うゴミの臭い、そしてあふれてくるゴミの汁に気づく。そこでのだめの部屋に乗り込み、ストレス解消を兼ねて大掃除してしまう。

その後二人は同じゼミになって連弾し、ある日すばらしい演奏をする。千秋は身震いするほど感動し、のだめは恋に落ちる。「先輩の背中　とびつきたくてドキドキ♡これってフォーリンラブ♡ですか⁉」と、告白する。が、女らしさのかけらもないのだめと恋人になりたくない千秋は「ちがう！　断じてちがう！」と全否定。ロマンチックとはほど遠い主人公の片思いが始まる。

『のだめカンタービレ』

のだめは恋を自覚してから、連日のように千秋の部屋に押しかけ、夕食をごちそうになっている。それは、のだめが「恋の出前大作戦」で持ってきたアジの干物が、黒焦げ状態だったことがきっかけである。千秋は

「〝手料理〟というなら　これくらいのもの　作ってから言え！」と手早くブロッコリー入りのパスタをつくってしまったため、のだめが感動し「餌付け」されたのである。

昭和の少女マンガでは、主人公の女の子は家事能力が高いことが多い。そして好きな人のためにかいがいしく働き、距離を縮める。弁当をつくってきて、学校の昼休みに一緒に食べる。つくったお菓子を差し入れる展開も定番である。風邪を引いた彼の部屋に上がり込む口実は、料理をつくってあげることだ。

ところが、『のだめカンタービレ』の二人は逆である。しかも恋をしているのは家事能力ゼロの主人公で、思われ人の彼が尽くしてしまっている。千秋がついのだめの世話を焼いてしまうのは、知らず知らず彼女にひかれているからだ。

音楽を中心に育つ恋

二人が通う音大へ、ある日ドイツからスケベおやじで巨匠の指揮者シュトレーゼマンがやってきて、個性的な学生を集めた新しいオーケストラ、略称Sオケを結成する。「学校中のヘタクソと変わり者」ばかりを練習させるのは、しょっちゅう飲み過ぎて倒れているシュトレーゼマンの代理を務める千秋である。なぜかシュトレーゼマンは千秋をライバル視し、正規のAオケと千秋が指揮するSオケを対抗させる。

毎日練習を聴いていたのだめは、やがて彼らが演奏するベートーベンの交響曲第三番を覚えてピアノで千秋に聴かせる。自由すぎるのだめの演奏は間違いも多いが、その「純粋で計算のない個性」に、再び感動する千秋。

のだめはその後、厳しい指導で知られる教授のゼミに移り、コンクールをめざすが、曲の完成が間に合わず本番で失敗。まもなく大学を卒業し、ヨーロッパで指揮者修業をすることを決めていた千秋はのだめに、一緒にヨーロッパへ行かないかと誘う。しかし挫折したばかりののだめは「自由に楽しくピアノを弾いて　なにが悪いんですか⁉」とキレて、千秋をふってしまう。

のだめは福岡の実家に引きこもる。千秋が迎えに行くのは、彼女が自由に楽しく弾いているだけでは、「オレが聴けなくなるじゃねーか‼」と恐れるからだ。実家でのんびり過ごす間に回復したのだめは、コンクールの審査員だったパリの音楽大学のオクレール先生から誘いを受け、留学を決めていた。着実に距離を縮める二人だが、それでも千秋はまだのだめを好きだと認めない。なかなか結ばれない展開は、少女マンガらしい。

パリで同じアパルトマンに部屋を得た二人は演奏中心の生活を送り、やがて結ばれる。しかし、セックスシーンが描かれないこともあり、つき合い始めても関係はそれほど変わらないように見える。千秋が認めなかっただけで、二人はとうの昔に半同居生活を始めていたし、切磋琢磨する音楽家同士としても関係を深めていたからである。

パリでのだめは妻の扱いを受けるが、それは、フランスに婚姻届けを出さなくてもパートナー関係を認めるPACS[注13]という制度があるためだろう。平成のカップルらしく、生活をともにしつつ恋愛関係を深める二人は、事実婚状態とも言える。

パリのオーケストラで指揮者の仕事を見つけた千秋は、演奏旅行で各地を転々とする生活に入る。のだめはソロの演奏家として千秋と共演する日をめざすが、オクレールからプロになるチャンスをもらえるコンクールへの参加を止められている。焦るのだめは、あるときシュトレーゼマンに言われてコンサートで共演し、大成功を収める。世界中から注目を集めたのに、本人は力を使い果たしてもう弾けない、と失踪してしまう。

のだめが日本のコンクールで失敗して引きこもったのも、シュトレーゼマンとの共演による消耗も、幼い頃、才能を見込んでスパルタ教育を行う先生から殴られたトラウマが原因だった。その繊細さと心構えの甘さに気づいていたからこそ、オクレールはコンクールへの参加を認めなかったのである。

再びラクで楽しい演奏の世界に引きこもろうとするのだめが、下宿でベートーベンのピアノ・ソナタを弾くのをドアの外で聴いていた千秋。もう彼女を無理にプロをめざさせようとしなくてもいいのではないか、と悩んでいたが、演奏に感動して涙を流し「それでもオレはやっぱり　何度でもあいつをあの舞台に連れて行きたいと思うんだ　このピアノを聴くたびに」と決心する。千秋はのだめと連弾して初心を思い出させ、のだめは音楽大学に戻っていく。


『のだめカンタービレ』は恋愛マンガだが、中心にあるのは音楽である。連載当初はクラシック業界から「リアリティがある」と注目を集めた。東京編は、個性的なSオケのメンバーがひんぱんに絡むので、コミカルな人間ドラマの要素が強かったが、本格修業に入るパリ編は、二人の音楽家としての成長に物語の主眼が置かれている。

昭和の少女マンガでも、表現の世界でプロになる女性は描かれていた。しかし、主人公は最初から特別な才能を持ち、一流の師匠に見出されてスターダムにのし上がる。葛藤は描かれるが、地道な修業の描写は少ない。しかし、同作では、なかなか一人前になれない時間の長さと葛藤をきっちり描く。それは、女性を取り巻く環境が変わったからだろう。

昭和の時代、現実の世界で女性がプロとして一人前になる機会は少なかった。ほとんどの女性は結婚して家庭に入ったからである。アイドルや女優ですら、結婚とともに引退していた。しかし、均等法施行後に不況が訪れ局面は変わる。

大人向けの少女マンガ誌が成立するようになったことも加わり、OLを含めて働く女性が盛んに描かれるようになったのである。大人の読者に認められる作品を、少女たちも読む。そういうマンガで育った平成の少女たちは、プロ意識が強い大人になるかもしれない。一九九〇年代に一世を風靡(ふうび)した子ども向けのマンガで、テレビアニメ化もされた『美少女戦士セーラームーン』(武内直子、講談社『なかよし』で連載、一九九二〜九七年)は、少女たちの自立意識を育てたと言われるが、同作の少女戦士たちが中心の戦いを「仕事」と考えれば、働く女性の物語と言える。

パートナーシップを描く物語

音楽修業中の二人を描いた『のだめカンタービレ』は、恋に溺れる姿を描くことはない。のだめがパリに着いてベルサイユ宮殿や凱旋門(がいせんもん)、エッフェル塔の観光デートを望んだときも、コンクールを控えた千秋はすぐにアパルトマンへ行って生活を始める。

二人の間にあるのは、生活と仕事としての音楽である。それは、とても現実的な設定とも言える。家事能力ゼロで色気もないのだめに、千秋がどうしようもなくひかれて目が離せないのは、二人の間に常に音楽があるからだ。輝く才能を秘めて努力を惜しまないのだめに、自身も妥協のないプロフェッショナルの千秋はひかれ、刺激を受ける。実は日常的に家事のサポートや音楽の指導を受けるのだめではなく、助けている千秋のほうが、のだめと一緒にいる恩恵を受けているようだ。

出会ったばかりの頃、スランプに陥っていた千秋は、自由気ままなのだめの演奏に合わせようと試みることで、殻を破る。その後もたびたび、千秋はのだめに助けられている。

Sオケでの指導が厳しくなりすぎ、「皇帝に即位したナポレオン」の千秋から仲間の心が離れかけたとき、のだめは千秋にお気に入りのアニメ映画『プリごろ太　宇宙の友情大冒険』を見せる。主人公のどんくさいごろ太をいじめまくるカズオを、千秋と「似たもの同士」と言うのだめ。みんながついてこなくなった練習中、千秋の頭にカズオが浮かぶ。そして皆の個性を生かした楽しい演奏にしよう、と仕切り直すのだ。演奏会では、教授陣が「本当にこれが落ちこぼれのオケか?」と驚くほどの大成功を収めるのである。

『のだめカンタービレ』に描かれているのは、女性も男性と同じように社会で活躍することを望み、その実現に手が届く時代ならではのパートナーシップである。一人前になるのは、つらく厳しく地道な修業を経た後であり、恋愛も友情も、大切な人間関係は人間的な成長を含む修業過程で育っていく。その中で切磋琢磨した二人の絆は強い。のだめと千秋が何度危機を体験しても乗り越えられるのは、音楽を通して互いの人間性を認め合っているからである。

長く愛し合う夫婦は、主婦やサラリーマンでも、表現者や趣味人でも、自分のベストを尽くし、成長しようと努力していることが多い。自分の世界を持っているからこそ、パートナーを刺激し、尊敬を勝ち得て愛情が続くのではないか。

そして同作の二人が魅力的な関係を持てるのは、千秋が性役割にとらわれず、のだめの個性を認めているからである。千秋はのだめに音楽を教えるが、家事を覚えさせようとはしない。それは、のだめが磨くべきは音楽の才能であって家事能力ではない、と考えているからである。家事は生活能力が高い方がすればいいのであって、必ずしも女性が引き受けなくてもよい。大切なのは、愛する相手自身である。そんな風に読み取ることもできるマンガなのである。

『逃げ恥』の家事論

家事の価値

『のだめ〜』は二〇〇〇年代に、昭和家族とは異なり、男性が家事を担うカップルを描いた。家事は、日本のフェミニズム・ムーブメントでも、大きな盛り上がりを見せるテーマの一つである。なぜなら家事は、生活とともに必ず発生し、仕事をするうえで負担が障害となって生き方を左右する場合があるからだ。だから、それは生を巡る議論とも言える。

最初に議論を投げかけたのは、『AERA』二〇一四年一〇月六日号の「変革するワーママたち」特集だった。ワーママとは、ワーキングマザーの略語である。夫婦間の家事シェアの実態をこの特集で描いた後、同誌はくり返しこのテーマを取り上げるようになった。

書籍の刊行も活発である。二〇一五年に、家事の効率化を論じた『考えない台所』（高木ゑみ、サンクチュアリ出版）が刊行されて以降、さまざまな家事論の書籍が書店に並ぶようになった。二〇一七年には社会背景まで論じた本も出る。『「家事のしすぎ」が日本を滅ぼす』（佐光紀子、光文社新書）と、拙書『料理は女の義務ですか』（新潮新書）である。

また、二〇一四年のへーベルハウスを皮切りに、ルミネ、資生堂、サントリー、ユニ・チャームといった名だたる企業が、家事・育児を女性が担うべきという価値観が見え隠れするテレビC

Mを流すたび[注14]、SNSで炎上する現象が続いている。

家事を巡る女性の声が大きくなっているのは、「「ていねいな暮らし」の呪縛」の項でも書いたように、働く女性がふえたのに、理想の家事のイメージが昭和フォーマットのままだからだ。

そんな議論をさらに盛り上げ、世の中の流れを決定づけた連続ドラマが、二〇一六年に放送され高視聴率を記録した『逃げるは恥だが役に立つ』(TBS系)である。恋愛ドラマだが、主題は家事論である。

主人公の森山みくり(新垣結衣)は、大学院まで出たが就職活動で失敗、派遣社員として得た職も失う。彼女がサラリーマンの父のツテでSEの独身男性、津崎平匡(ひらまさ)(星野源)のもとへ家政婦として出向いたところから、物語が始まる。

当初パート勤務だったみくりは、父親が早期退職して夫婦で館山へ移住したため住む場所を失い、フルタイムの住み込みが二人にとって好都合だと平匡に提案する。みくりがそのプレゼンで持ち出すのが、専業主婦の無償労働が三〇四・一万円分に相当するという内閣府の試算である[注15]。そして対外的には事実婚と言おう、と交渉が成立する。

独身で若い二人はやがて相手を異性として意識するようになり、恋愛関係になる。そんなとき、平匡はリストラされて給料を払うことが困難になり、みくりにプロポーズする。みくりは、戸籍上の結婚と家事の無償化がセットになった恋人の提案に、「結婚すれば給料を払わず私をタダで使えるから合理的。(中略)それは「好き」の搾取です」と怒るのである。この場面で、溜飲を下げた女性は多いのではないだろうか。

ドラマが提示した、主婦の家事労働を、報酬をもらって働く通常の労働と同じ土俵に載せようという試みは、実は新しいものではない。一九六〇〜六一年に起こった第二次主婦論争でも、家事労働の経済的価値について議論が交わされ、その後もくり返しこの問題が浮上し、内閣府が数字を出すに至っている。画期的だったのは、連続ドラマに取り上げることで、幅広い層に「家事だって評価されるに値する労働だ」という主張が知られたことだ。

みくりが怒ったのは、収入を失うからだけではない。報酬を支払うのはその仕事に価値があると認めることで、敬意と感謝を含んでいる。平匡の提案は、みくりの労働の価値を失わせる。しかも、「養ってあげるから、家事はやってね」というニュアンスを含んでおり、対等であるはずのカップルに主従関係をつくってしまう危険が潜んでいる。

「主人」という呼び名」の頃で取り上げたように、昭和の主婦たちが夫を「主人」と呼んだのは、一家の大黒柱として稼ぐ夫と、養ってもらう替わりに家事と育児・介護を全面的に引き受ける主婦という関係が一般的だったからだ。夫婦関係の実態は平等ではなかった。

家事は労働なのか?

平成になって家庭内の女性の地位は向上している。仕事を持つ既婚女性が主流になり、世代交代が進んで、夫婦が互いに対等であるという意識を持つことが珍しくなくなったからである。とはいえ、権力者は既得権をなかなか手放さない。みくりは平匡の心に潜む「主人」意識を敏感にかぎとった。

しかし、私はみくりの考え方に、違和感も抱いた。主婦が行う家事を、報酬が支払われる一般的な労働と同じ土俵に載せることに抵抗があるのである。

一般的な労働は、やるべき仕事と責任の範囲を限定し、他人に奉仕する見返りとして報酬が支払われる。労働者は、相手への個人的な感情にかかわりなく、商品やサービスを提供する。

家事は、自分や家族との生活を維持するために行われるもので、範囲を限定できない。技術的にはもちろん、気分や体調、相手への感情次第で質や量が変わることもある。そういうムラのある仕上がりが許されるのは、愛情や依存心がお互いにあるからである。

家事の内容は、幅広い。買ってきた食材を冷蔵庫に入れるといった、ささやかだが積み重ねることで量が大きくなるプラスアルファの「名もなき家事」もあれば、料理や掃除、洗濯などのように、内容がある程度明確で分担しやすく、外注が可能な家事もある。

外注した場合、仕事を請け負った人は「名もなき家事」に手を出せない。たとえば掃除を引き受けた業者は、机の上のものは片づけられないなど、相手のプライバシーに踏み込む行為が許されない。仕事である以上、労働の範囲は明確で限定的になる。

家事は、部屋を片づけながら掃除機をかける、「お手伝いしたい」と言う子どもに作業を与えつつ料理を教える、買ってきた惣菜を器に移して盛りつける、などと特にプラスアルファの作業内容が変則的である。融通がきくともいう。

そして、その変則的な部分にこそ、家事をすることで育つ関係性が含まれている。生活の質にも影響する。掃除で家中をピカピカにしたときの満足感、手をかけてつくった料理がおいしかったときの幸福感は、働いた人だけが味わえる達成感も伴っている。

家事は生活そのものであり、同居する家族がいれば、それは信頼感や愛情を育てる蓄積の一部である。何回一緒にディズニーランドに行こうが、悩みを共有しようが、友だちは家族になれない。家族とは、生活をともにして日々を回す間に太くなる絆を持つ関係である。

家事を分担する、つまりシェアするメリットは、そのために話し合う、互いに負担を知って感謝するなど、コミュニケーションの機会もふやすことだ。仲間意識を持ち、信頼と愛情も育てられる。逆に参加しなかった、感謝しなかった、といった不満が積み重なった女性は、夫に離婚を申し出るかもしれない。

報酬と引き換えに……

『逃げ恥』について、さらに引いて社会との関係から考えたい点がある。みくりは、報酬という形での評価を求める。みくりの発言は、生活がほとんど資本主義経済に飲み込まれてしまった現代人の価値観を象徴している。今は大学にコンビニが入っているのも当たり前で、駅の中にも店が入り、バスや電車の車体に貼りつけたラッピング広告もある。公共であるはずの図書館業務も企業が請け負い、公立美術館も利益を上げなければならない。共同体が成立していない環境で暮らしていて、地域のために無償で働く機会を持たない人も多い。働くとはお金を得る行為であり、身の回りにあるたいていのものが商売絡み、という時代になっている。

昔は無償だった労働も、多くがお金で支払われるものになった。食事は外食や中食で済ませることが可能になり、お茶くみを女性に頼まなくなった替わりに会議ではペットボトルのお茶が用意される。女性が働くようになって、子どもは保育所に預け、要介護高齢者は施設に預けるか介護サービスに世話を頼むようになる。

こうして列挙してみると、有料になった労働は、女性たちが引き受けてきたものが多いことがわかる。その労働は際限がなく、見返りはほとんどなかった。農家や商家の嫁には、給料ももらえず奴隷のように働かされてきた人が少なくない。無償の労働は、女性たちの誇りや心身の健康や、場合によっては命まで犠牲にしてきた。支払いは、働かされる女性自身が身を削る、という形で行ってきたともいえる。二重の搾取だからこそ、それは差別だったのである。

資本主義社会が発展し、さまざまな無償労働に名前がついて責任の範囲が明確になり、商売として成立するようになってきた。一方で、それは人間関係の希薄化も伴っていた。

「お金で解決する」という言葉があるが、これはもっとかかわって尽くすべき相手だがかかわりたくない、という相手にお金を払って関係を断とうとすることである。つまり、親密な関係と報酬は、相反する役割を持っていて基本的に両立しない。一方で、お金さえ払えば有限責任で相手をしてもらえることにもなる。水商売は、お金を払った相手に時間を区切って優しくする仕事である。

「人に何かしてもらう＝報酬を支払う」関係は、頼んだことが好意ではなく、サービスとして返ってくることを意味する。親しいから頼みごとができて、そのお礼は食事や贈りもの、あるいは別のときに相手に尽くすことで返す、という古くからの人間関係は、親密度を高めるが、気を使うわずらわしさを伴っている。

お金を払うことは、サービスの内容と金額を明確に割り切る冷めた関係を築くことであり、そこに親密な関係は育ちにくい。最初のうちは、コミュニティがないことや、忙しい人がふえたことでお金を介在させる関係が発達したが、お金でサービスを買えてしまう生活が、人と人の距離を遠ざける悪循環が続いてきたのだろう。

もしかすると、『逃げ恥』は、そうした冷たい契約関係を行くところまで行かせたうえで、それでも割り切れない人間の感情をどう満足させるか、という問題まで示唆していたのかもしれない。

お金を介在させた関係は、割り切ったビジネスの相手と認識することから始まるが、かかわりが続くと、ビジネスを超えた感情のやり取りが発生する。長い取引のある相手を優先して仕事を頼む、互いの家族ともつき合うようになる。親しい人が仕事仲間になっていく逆のケースもある。そうした公私が混ざる関係を経験している人は多い。しかし、親密な人間関係とセットになることで、しがらみも育つ。一方的な好意がセクハラやパワハラに発展する場合もある。それを避けたいから、できる限り関係をビジネスライクに保とうと距離を取る方向に、社会は発展してきた。ところがドラマの二人は契約関係をはみ出し、家事というもっともプライベートな労働を介して育んだ親密な関係を、結婚という形で決着をつける。ドラマで登場人物の間に親密な関係が生まれるのはよくあることだが、それをわかったうえでなお、家事を巡る関係性を描くこの展開には希望が感じられる。広告にまみれたこの世界で、取引が当たり前になったこの世界で、それでも生きていく私たちは次の段階の人間関係の構築に向かうのだ。

現実社会では、共働きしなければ暮らしていけない二〇〜三〇代の間では、家事や育児のシェアを当然視するカップルが少なくない。また、家事することをためらわずに公言する男性もふえた。

二〇一九年にテレビ東京でドラマ化されたマンガ『きのう何食べた?』(よしながふみ、講談社『モーニング』で連載、二〇〇七年〜)や、二〇一八年にヒットした連続ドラマ『おっさんずラブ』

（テレビ朝日系）のように、ゲイのカップルを描く形で、家事を当たり前にこなす男性も描かれるようになった。家で料理や掃除をする男性を描くテレビＣＭも多い。メディアの影響を受けて、男性も変わり始めているのかもしれない。

新しい家族を描く物語

ウソ泣きできなくなった少女、『逢沢りく』

昭和家族が支える昭和フォーマットが時代と歩調を合わせて経済的な効果に結びついていたのは、一世代だけである。しかし、安定した幸せを約束し、それが標準だとプレッシャーをかけるイメージは、長く尾を引いて私たちを縛ってきた。

そのしくみのもとで抑圧されていた女性は、早くからその虚構性に気づく。やがて経済の大きな成長が見込めなくなるにつれて、昭和家族の成立は難しくなる。しかし、そのイメージが理想形とされがちなのは、変わると不都合な人たちがいることに加え、別の形で男女が幸せに生きる方法がよく見えていなかったからではないだろうか。

しかし、二〇〇〇年代に入り、メディアは新しい家族の形を描くようになってきた。本節ではそういった現代の物語をいくつか紹介したい。

ほしよりこのマンガ『逢沢りく』（文藝春秋、二〇一四年）は、ネグレクトされて育った少女の再生物語である。ささやかな日常の積み重ねの中に、主人公の葛藤が描かれる。

中学生のりくは、簡単に涙を流すことができる。「悲しみが何なのかさっぱり理解ができないが、悲しむような場面では誰よりも熱を帯びた涙を、瞳に溜めこむ事ができるのだ」。りくには、傷つくとはどういうことかも、よくわからない。

会社を経営する父は、アルバイトの女性と浮気している。専業主婦の母は「私、あなたの自由でかっこ良くて　誰からも好かれちゃうとこが好きなんだけど」と言うが、軽薄な父は「僕は君の全部が好き」と簡単に返事をする。

母は生活に不純物を入れたくない人である。野菜もコメも取り寄せ、水もこだわる。テレビも家に置かない。「りくにはさ、もっと本をいっぱい読んで自分で考える人になってほしいんだ通俗的な物にまどわされんじゃなくて」というのが母の言い分だ。何でも話をする現代的な親子にみえるが、りくは常に母の反応を気にし、期待に沿うよう合わせながら暮らしている。だから「ママって手間がかかる」と思っている。

母は、もっと自分らしく生きるために仕事を再開しようと決め、りくを関西の親せきの家に預ける。母が親せきの関西弁や関西人を嫌っていることに影響されていたりくは、行きたくないと最初は嫌がるものの、「ママのために」行く。

関西の親せきの家族はにぎやかだ。大おじ、大おば、次男が一緒に暮らし、ヨハネスブルクに単身赴任している長男の息子二人もよく預かる。この家に同居する理由は、りく自身が「親元を離れて慣れへん土地で暮らしてみたい」と言い出したからということにされている。

人なつこい関西の人たちは、りくに何かと話しかけて親しくなろうとする。家族はすぐにりくを囲んで楽しくしゃべるし、幼い時男がすぐになつく。「関西人の友達なんか一人も作らない……」と決めたのに、したってくる子がすぐに現れて友だちができる。皆のおしゃべりにつき合わされ、家族だんらんに巻き込まれるうちに、りくはウソ泣きができなくなっていた。

時男は体が弱く、手術する。しかし、親密な心の交流を体験してこなかったりくは、心配もろくにしなかった。見舞いにも行かなかったが、ある日回復してきた時男から電話がかかってくる。りくにとても会いたがり、話したがる少年の相手をするうちにりくはたまらなくなる。電話を切って駆け出し、誰もいない川岸で心から泣く。

両親からきちんと向き合ってもらえず、感情を押し殺して、望まれる態度を演技してきたために、自分の気持ちを見失っていたりく。このマンガは、たくさんの人に受け入れられ、愛されるようになった彼女が、人間らしい感情を取り戻す物語なのである。

両親を救う少女、『千と千尋の神隠し』

長年、両親から守ってもらえない逆境で精神的に成長する子どもを描いてきたのは、アニメ映画監督の宮崎駿である。

二〇〇一年に公開された『千と千尋の神隠し』は、バブル世代とおぼしき主人公の両親が、紛れ込んだ異界で食欲に溺れ、あっという間に豚に変えられてしまう。恐れて逃げ出した一〇歳の千尋は、この世界に住む少年ハクに助けられ、生き抜くためと両親を助けるために湯屋を取り仕切る魔女の湯婆婆（ゆばーば）のもとで下働きを始める。

ある日、千尋は強烈な異臭を放つ客の体を洗う。するとその人から大量の砂金と不思議なだんごを与えられる。他の世界から紛れ込んでこの世界を荒らすカオナシからも慕われる。一方、ハクは湯婆婆の命令で双子の姉の銭婆（ぜにーば）から印鑑を盗み出して重傷を負う。湯婆婆が溺愛する坊もネズミに変えられてしまう。

千尋はハクを助けようとだんごを与えた後、ネズミを伴って銭婆のもとへ向かう。カオナシもついてくる。ハクは湯婆婆に坊を返す条件として千尋の両親の解放を求め、千尋を迎えに行く。帰ってきた千尋は自由を勝ち取り、両親と再会して自分の世界へ戻っていく。

千尋は最初、気が利かず引っ込み思案の子どもだったが、「働かざる者食うべからず」のおきてが徹底している異界では、大人に混じってきつい労働を引き受ける。懸命に働き、冒険を乗り越えるうちに、自分で考え行動する自立心を手に入れる。しかし、解放された両親と歩くとき、千尋は再び母親と手をつなぎ、親に頼るふつうの子どもに返る。もしかすると異界で鍛えられた千尋は、欲望に逆らえない弱さも含めて両親を受け入れることに決めたのかもしれない。

『崖の上のポニョ』の自立した保育園児

二〇〇八年に公開された『崖の上のポニョ』は、保育園児の宗介と、魚の女の子、ポニョの恋物語である。宗介の父は内航貨物船船長で、保育園の隣の介護施設で働く母親と宗介の三人暮らしだ。宗介は、父を耕一、母をリサと名前で呼ぶ。父は不在がちで、物語の最初にも急に仕事で帰れなくなり、母は怒り出してしまう。

宗介は浜で魚のポニョを見つける。けがをした彼の血をなめとったポニョは、人間になる力を得る。ポニョはいったん、元人間で魔法使いの父親フジモトに連れ帰られるが、宗介に会いたいがゆえに津波を起こし、人間の姿となって駆けつける。フジモトは人間嫌いで、海の女神のような存在の女性と結ばれ、ポニョが生まれている。

ポニョが人間界に戻ろうとするエネルギーで、台風が発生。停電した家で、リサはポニョにインスタントラーメンをごちそうし、施設の老人たちを心配して職場に戻っていく。翌朝、宗介たちは母が用意してくれていたサンドイッチを弁当にして、母に会いに行く。おもちゃの船に燃料のろうそくをセットし、ポニョが魔法でそれを大きくして、二人は乗り込む。台風の影響で山の上にある家のそばまで水が来ていたからだ。

ポニョが宗介のもとに行く間にフジモトは妻と話し合い、宗介が愛しつづけることを条件にポニョを人間にしようと決めていた。フジモトたちに助けられたリサ、そして宗介をかわいがっていた入居者たちが、丘の上で二人の到着を待っていた。

保育園児の宗介は、てきぱきと判断して冒険の旅に出て、最終的にポニョを受け入れる。それができるのは、忙しい両親の事情を理解し、自分の意志を尊重してもらっているため、自分のことを自分で決められる少年だからである。

宮崎駿は、どうやら呼び名を重視しているらしい。『千と千尋の神隠し』では、異界で湯婆婆に名前を奪われた者たちが、彼女に支配されて働く。千尋も、「千」と呼ばれて湯婆婆に支配される。『崖の上のポニョ』では、宗介が両親を名前で呼ぶことで、助け合って生きる同志のような家族の関係を暗示する。呼び名は、関係をつくるのである。

平成時代の家族

『崖の上のポニョ』で描かれた宗介は、共働き時代の理想的な子どもかもしれない。なぜなら、自分のことを自分で決めるうえ、その結果得られる自由を楽しんでいるからだ。

昭和フォーマットの社会では、子どもは親からも地域からも守られるべき存在であり、遊びと勉強に専念することを求められた。責任がないその立場はラクだった一方で、期待に応える子どもを演じなければいけない場合もあった。近年の作品ではあるが、父が会社経営者で母が専業主婦の『逢沢りく』の家も、昭和家族といえる。りくは両親の保護と引き換えに、母親が求める娘像を演じなければならない。その関係が変わる可能性を持ち始めたのは、りくが一時親せきの家に預けられ、母と離れたからである。

宗介の両親は働いている。本来、保育園児は大人がたくさん世話をすべき相手だ。自分でできることは少なく、料理もつくれない。しかし、母からあえて頼もしい子のように扱ってもらうことが、宗介に自信を与えている。だから両親が不在のときに洪水が起きても、ポニョを守り行動することができた。子どもの成長に応じた自立心は、子ども自身のためだけでなく、親が親業だけに縛られず社会的な役割をまっとうするうえで必要なものでもある。

昭和家族が成立できるのは、父親が家族を養う給料を得ているからである。会社員が一握りだった昭和初期やそれ以前の時代は、千尋が働いた異界のように、多くの子どもは奉公に出されてそこで働くか、家事や子守をして家族を手伝っていた。子どもが、できるかぎり自分で自分の面倒をみるのは当たり前だった。

平成不況ののち、男性の雇用も不安定化が進んでいる。男性が家族を養えるとは限らないし、何かあったときのためにも妻たちは働く必要があると考える人がふえた。また、社会で必要とされる喜びを味わったのちに母親業に専念する毎日は、孤独を伴いがちであることを、育児休業などで仕事を離れた女性は痛感している。それは、地域の中で生きるのではなく、仕事を通じて人とつながる社会特有の感覚ともいえる。

『逢沢りく』で、りくの母親が娘を手放したことは、りくに感情を取り戻させる結果をもたらした。うまくいかない家族は、その関係を外に開き、自分を解放していくことで、居場所を見つけられるかもしれない。少なくとも親せきと結んだ新しい関係で、りくは自分がかけがえのない存在だと実感することができた。

人に養われる生活はラクだが、人は誰かから必要とされ役に立ちたいと願う存在でもある。その気持ちを最も強く味わえる場が仕事である。もちろん、病気などさまざまな事情で働けない人はいる。そういう人でも、誰かの役に立つ機会があれば張り合いが出る。

しかし、他人に必要とされていると、家族のために割く時間は少なくなる。限られた時間をどのように使うかは、個々の事情によるが、最低限向き合う時間は欲しい。家事に関する議論が盛り上がるのは、仕事をしながら自分に戻る時間や家族と向き合う時間を確保する方法を、知りたい人が多いからでもある。

昭和家族を解体する『そして父になる』

昭和家族を解体して、新しい関係の萌芽を描いたのは、二〇一三（平成二五）年公開の映画『そして父になる』である。この作品はカンヌ国際映画祭で審査員賞を受賞した。監督の是枝裕和は、家族に焦点を当てた作品を多く世に送り出している。

二〇〇四（平成一六）年公開の『誰も知らない』は、実際にあった子ども置き去り事件を題材に子どもだけの暮らしを描いた作品である。シングルマザーが新しい恋人を追って出て行った後、子どもの一人が世話が行き届かないため死んでしまう。

二〇〇八（平成二〇）年公開の『歩いても　歩いても』は、自分の母親をモデルに普通の家族を描く。開業医の父が昔浮気したことを、母はずっと恨みに思っている。優秀だった長男が、溺れる少年を助けようとして死んだことも一家に影を落としている。あまりできがよくない主人公の次男は、父との確執を抱えている。

カンヌ国際映画祭で最高賞を受賞した二〇一八（平成三〇）年公開の『万引き家族』は、親から放置されていた子どもたちを無断で引き取り育てる夫婦を描いた。

『そして父になる』は、是枝自身に子どもができたことをきっかけにつくられた作品である。多忙のため、たまに顔を合わせる子どもから「お父さん、また来てね」と言われた是枝は、父と息子のもろい絆に気づかされ、父親はいつ父親になるのだろうと考えて製作した。

物語は東京と、群馬県前橋市が舞台。東京のゼネコンで働くエリートサラリーマン、野々宮良多（福山雅治）と社内結婚して専業主婦になったみどり（尾野真千子）の間には、慶多という六歳の息子がいる。ある日、みどりが出産した前橋市の病院から電話がかかる。実は、出産後子どもが取り違えられていたというのである。もう子どもを産めないみどりのショックは大きかった。

小説版『そして父になる』

相手の家族は、前橋市で電気店を営む斎木雄大（リリー・フランキー）とゆかり（真木よう子）夫妻。子どもは、良多の実の息子、琉晴（りゅうせい）のほか、弟と妹が一人ずついた。雄大は遅くにできた子どもたちと全力で遊ぶ。しかし、父が離婚再婚した経験を持つ良多は、仕事では有能だが子どもとの接し方がわからない。多忙をいいことに、あまり慶多にも構ってこなかった。

　この映画は、取り違えられた子どもたちとどのように関係を結んでいくか探る両家を通して、良多の成長を描いている。本節で紹介してきた物語は、どれも家族のメンバーがほかの世界と深くかかわることによって、精神的に成長している。『そして父になる』では、本来ならかかわりを持たなかったであろう二つの家族が密接につき合った結果、父親としての責任から逃れるように働いてきた良多に変化が訪れるのだ。

　慶多と琉晴は、週末に暮らす家を交換することで、徐々に実の家族に慣れていく。受け入れる家族も、少しずつ実の息子に慣れていく。多忙な良多は不在がちだが、重大な局面では対応せざるを得ず、自分を見つめ直す必要にも迫られる。

　結局両家は実の子を受け入れ、育てた息子を相手に引き渡すことを決める。しかし、どうしても慶多に会いたくなった野々宮夫妻は、前橋まで会いに行く。捨てられたとうらんでいた慶多が、育ての父と和解するところで映画は終わる。

　是枝は、同作をノベライズしている。小説『そして父になる』（宝島社文庫、二〇一三年）は、もう一歩話を進める。左遷されて栃木の研究所勤めになった良多は、前橋市に独りで住むみどりの母親宅に家族で移り住む将来を検討している。そして、すっかり仲よくなった子どもたちと一緒に遊ぶ中で、「もう誰が誰の子で、誰が誰の親なのか見分けがつかなくなっていた――。」というところで終わる。

もしかすると野々宮家は前橋に移り住み、斎木家と親族のようにつき合っていくのかもしれない。家族の枠組みがゆるくなり、血縁に縛られない新しい結びつきを見せる結末は、子どもがたくさんの仮親を持ち、共同体の中でかかわりあって暮らしていた江戸時代を思い起こさせる。

プライバシー意識が強くなり、家族の関係が硬直してこじれがちな今だからこそ、家族は外に開いていく必要があるのかもしれない。良多が、子ども取り違え事件が発覚してから家族にかかわる時間がふえたように、激務のサラリーマンでも、その気さえあれば家族を大切にすることは可能なのではないか。映画のような事件でもない限り、他人が深く家族に入り込むことは難しいかもしれないが、少なくとも家族ぐるみのつき合いがふえれば、視野を広げ、自分の家族を客観的に見られるようになるだろう。

『あまちゃん』の女と男

昔ながらの共同体にヒントを見出したのは、宮藤官九郎である。宮藤が脚本を書いたNHK朝ドラの『あまちゃん』は、二〇一三（平成二五）年に放送され、ハマった人たちが自分なりの「あまちゃん」論を展開する人気作品となった。

物語の舞台は、岩手県北部の漁村、北三陸（架空の地名）と、東京である。北三陸出身の春子（小泉今日子）は、幼なじみの大吉（杉本哲太）から、母の天野夏（宮本信子）が倒れたと連絡をもらって二四年ぶりに帰ってきた。高校生の娘のアキ（能年玲奈）も一緒である。

結局母は元気だったが、タクシー運転手の夫、黒川正宗（尾美としのり）と離婚を考える春子も、学校でいじめにあい居場所がなかったアキも、そのまま夏の家に居つく。アキは夏と夏の海女仲間のおばちゃんたちにかわいがられて、にわか仕込みのエセ東北弁を話すほど、この土地がすっかり気に入る。

やがて春子を追いかけて、正宗もやってくる。夏は夫に先立たれたように思われたが、実は夫の忠兵衛（蟹江敬三）は遠洋漁業漁師で不在がちなだけだったこともわかる。

物語の前半、アキは北三陸になじんで海女となる。インターネット経由でファンが押しかける人気者になり、海女カフェをつくって地元活性化に多大な貢献をする。後半は、アキが親友になったユイ（橋本愛）の東京とアイドルへの憧れに感化され、アキが東京でアイドルグループに入って奮闘する話に、北三陸も被災する東日本大震災が絡む。

海女仲間の役者たちのキャラクターが濃い。宮本信子を筆頭に、木野花、渡辺えり、美保純、片桐はいり。パワフルな彼女たちに加え、高校時代にぐれていた設定の春子も、ユイも、強い女性たちである。そういう女性パワーに感化されてアキも強くなっていく。

一方、男たちはそろって頼りない。北三陸駅駅長の大吉は、しょっちゅう、「北三陸をなんとかすっぺ会議」を開くが、無駄に略語をたくさんつくるだけで活性化するアイデアは一向に出てこない。ユイの兄、ヒロシ（小池徹平）も東京をめざしたが挫折して半分引きこもり状態。高校の種市先輩（福士蒼汰）も、地元にいるときはかっこよかったが、就職先の東京で高所恐怖症のため失職し、すし職人修業を始めてアキとつき合うようになると、頼りない側面を見せる。

本来の自分になれる姓名

北三陸に来てからアキが生き生きし始めるのは、仲間ができたからである。東京では、母の春子からも「地味で暗くて向上心も協調性も存在感も個性も華も無いパッとしない子」と思われていた。口数が少なく、いつもビクビクしていた。しかし、夏が潜る姿に「かっけ！」と感動し、海女たちのパワフルさに引き込まれて変わっていく。

アキが暗い子になったのは、母の影響だったかもしれない。春子は、父が不在がちで、母が海女という危険な仕事をすることが嫌だった。人手不足だからと強引に海女にされそうになって、地元を飛び出し東京でアイドルをめざす。芸能事務所の事情によりアイドルにはなりそこなったが、彼女を乗せて惚れてしまったタクシー運転手と結婚した。

しかし、「ちゃんと陸にいて、ちゃんと毎日帰ってくるお父さん……。だけど（笑）まあ、毎日帰って来ると、それはそれで……疲れる？　煮詰まる？　あれえ？　こんな筈じゃなかったのに」と思うようになる。春子は東京で専業主婦だった。

アキが変わり始めたのは、母の旧姓の天野を使い、天野アキと名乗り始めたことがきっかけかもしれない。母は、離婚するつもりで、地元の皆が知っている天野春子と名乗るようになっていた。また、北三陸では自活しなければならないので、喫茶店兼スナックのカウンターに立って働くようになる。居場所を得て春子は元気になっていく。

天野姓を名乗り、エセ東北弁をしゃべるアキの周りには、常に人が集まるようになる。春子も「たった一年しか居なかったけど、アキのおかげでみんな笑顔になって元気になって今も元気なんです。それはもう本当…アイドル？　アイドルなんです」「今も、アキちゃん元気？　どうしてる？　って。とっくに居ないのによ。それってアイドルでしょ？　そこに居なくても、みんなの心にアキが居るって事でしょ？」と人に言うまでになる。

昭和家族に守られていた東京で、黒川アキはいじめにあっていて暗かった。しかし、海女仲間に囲まれ働く天野アキは元気いっぱいだ。夏はもともと一人暮らしに近い状態だったが、彼女が独りだったことはない。震災後も、夏は「海のそばで、海の恩恵を受けげで生ぎるがらには、アクすデントも受げ入れで、乗り越える覚悟が必要だ」と強い。それは、自活しなければ生きていけないからであり、仲間に囲まれているからでもある。共同体の中にある天野家は、常に地域に対して開いている。

黒川春子も煮詰まっていたが、天野春子は、東京に行きそこなってグレたユイを立ち直らせる姉御肌を見せ、自分の過去の因縁のせいでアキがアイドルグループをクビになった後は、娘のために芸能事務所を立ち上げて社長に収まる。天野姓を名乗って自立した母と娘は、それぞれ本来の持ち味である強さと明るさを発揮し始める。

春子は故郷に戻ってから正宗と離婚届けを出して別れるが、やがてヨリを戻して再婚した。ドラマの終盤には、式を挙げていなかった春子が、夏に見せるためにウェディングドレスを着て、北三陸で結婚式を挙げるシーンがある。朝ドラでは、毎回オープニング曲にのせて、出演者の名前が役名とともに紹介される。その際、ほかのシリーズでは、見せ場である結婚式の場面が終わると、主人公の名字は必ず夫の姓で表記される。ところが、『あまちゃん』では、オープニング時の小泉今日子の役名は最後まで「天野春子」のままだった。

正宗と夫婦であろうがなかろうが、いったん本来の自分を取り戻した春子は、これからもずっと天野春子なのである。

人が生き生きと暮らしていくためには、自分を認めてくれる仲間を得て、本来の自分を発揮できる環境にいることが大事なのだ。『あまちゃん』では、くり返し代役を務める役割を示す「影武者」という言葉が出てくる。代役を務める人は葛藤を抱く。しかし影武者であることを辞め、自分自身を取り戻すと輝き出す。このドラマは、見失っていた自分を再発見する人たちの物語でもあった。

人は一人では生きられない。必ず支えてくれる家族もしくは仲間が必要だし、自分も人を支えている実感が欲しい。お金の心配がない環境よりも大切なのは、自分が安心して役に立てる居場所を持つことである。居場所ができれば、暮らしを支える手立ては見つかる。だから、どんな人でも何らかの形で貢献できる居場所をつくることが必要だ。

家庭においては、家族が協力し合って家の中を保っていく工夫が必要だ。メンバー全員が社会に出ていく基地として家庭が機能すれば、それぞれ居場所を持つことができ、関係の風通しもよくなっていく可能性がある。あるいは、どうしても合わない相手と離れる選択もできる。家族との関係を問い直し再構築したときに生まれる可能性は、人によって異なる。

本節で取り上げた家族が、昭和家族と異なり一つの型にハマらないのは、人間の個性が異なり、生き方が多様であることに対応したものだ。いろいろな人がいるのは当たり前だし、自分と違う生き方があっていい。その違いを認め合えたとき、家族のメンバーはそれぞれ、葛藤を乗り越えて幸せをつかむことができるのかもしれない。

ビジュアル表現の世界で

赤線跡を撮った石内都

ここまで、描かれる側としての女性を考えてきた。今度は描く側について考えたい。

今、世界中を揺るがしているフェミニズム・ムーブメントは、ハリウッドなどの俳優やタレント小説その他の書籍が、その発信源である。表現する人は、世界を客観的に見つめることで、モヤモヤしたイメージや見えにくい問題に形を与えるからである。

最初に取り上げるのは、写真・映画の分野で活躍する日本の女性たちとその作品である。この分野では、男性の独壇場に近い時代が続いたが、特に近年、女性の活躍が目立つ。

最初に紹介するのは、写真家、石内都とその作品である。石内は、ウーマン・リブにもかかわり、意識的に女性の問題をテーマに選んできた作家で、その歩みをたどることで、本書で観てきたのとは別の角度から女性の近現代史を知ることができる。

以下に記す「　」内の発言は、私が石内から直接聞いたものである。

石内は、一九七九（昭和五四）年、写真界の芥川賞と言われる木村伊兵衛写真賞を受賞した後、数々の写真賞を得、二〇〇五（平成一七）年にヴェネチア・ビエンナーレの日本館代表作家として選ばれた。二〇一三年には紫綬褒章を受章し、二〇一四年に写真界のノーベル賞と言われる、ハッセルブラッド国際写真賞を受賞した。

作品には、広島で原爆に遭った人たちの衣服や装身具などをカラーで撮った「ひろしま」、銘仙など絹にまつわる作品「絹の夢」、亡くなった母が身に着けていたものを撮った「Mother's」、傷を負った女性の体「INNOCENCE」、同い年の女性の手と足を撮った「1・9・4・7」、育った街の風景の「絶唱、横須賀ストーリー」などがある。

石内は自分とかかわりがあるか、心に引っかかるものにカメラを向ける。個人的な記憶や思いに寄せて撮る作品が政治性を帯びることを、一九四七（昭和二二）年に生まれ、政治の季節を通過した世代として当然と彼女は言う。最初に「自分の女性性と出会う」のは、一九七九（昭和五四）年、『アサヒカメラ』（朝日新聞社）で連載を始め、八一年写真集にまとめた「連夜の街」（朝日ソノラマ）である。今も撮り続けるシリーズは、全国の赤線跡に出向いて撮った建物の作品だ。

石内都「連夜の街」より

タイルに覆われた柱、ハート型にくりぬかれた連絡通路の窓、社交ダンスを踊る男女を描いたステンドグラス。独特の装飾を施した建物にカメラを向けた原点は、戦後の横須賀で育ったことにある。米軍基地の街でアメリカ兵によるレイプは日常茶飯事だったと、石内は言う。しかし、基地の街で起こったたくさんの悲劇は、ニュースにすらならなかった。そういった事件が明るみに出たのは、一九九五（平成七）年の沖縄米兵少女暴行事件が最初である。

今は観光客が気軽に訪れるドブ板通りも、少女時代の石内は「歩いちゃいけない」と言われる場所だった。性犯罪が身近な環境で育った彼女は高校時代、通学路の奥にあった「町並みや空気が何となく濃いな、普通じゃないな」と感じる場所に気づく。のちにそこが赤線跡だったことがわかった。

赤線は戦後、売春が公認された地域の総称である。『聞書き　遊廓成駒屋』（神崎宣武、ちくま文庫、二〇一七年）によると、ＧＨＱは一九四六（昭和二一）年一月に公娼廃止の指令を出したが、一一月に内閣事務次官等会議で「特殊飲食店を風紀上支障のない地域に限定して集団的に認める措置方針」を決定し、遊廓が復活。地図上で赤線で囲ったことから、遊廓や売春を目的とする特殊飲食店があるその地域が、赤線と呼ばれるようになった。赤線と遊廓は一九五八（昭和三三）年に売春防止法が施行されて消えるが、買う側が罰せられないなど抜け道があり、現在まで売春はなくなっていない。

赤線は、「良家の子女を占領軍による凌辱から守る防波堤[注16]」と言われた。石内はその言葉を知ったとき、「もし自分がその時代に大人だったら、防波堤のどちら側にいたのだろう」とショックを受ける。防波堤の外側に置かれた女性は、いわばアメリカに差し出された人身御供（ひとみごくう）だ。彼女が、気になっていたその問題と初めて対峙（たいじ）したのが「連夜の街」だった。

そういう建物に入ったときのことを、石内はエッセイ集『モノクローム』（筑摩書房、一九九三年）に記している。

「小さく挨拶して入口を入ると、湿り気のある重い空気のかたまりが少し動くのがわかる。かすかにすえた匂いがする」「玄関ホールの空気が闖入者の私を締めつける。呼吸をした途端、胸が悪くなりもどしそうになる。こみ上げてきたものは、嫌悪なのか、悲しみなのか。苦しさを懸命にこらえていたら涙がスーッと頬を伝わる」

そこに自分もいたかもしれないと思うと平静でいられず、自身の女性性を強く意識する。しかし、涙をぬぐって対象を心の中で突き放し、冷徹に撮影した。それまで負の記憶と戦うように横須賀やアパートを撮ってきた石内は、個人的にリアリティがある場所として赤線跡にカメラを向けたことで、自分は写真家になったのだと振り返っている。

女性の傷跡

四〇歳になると、同じ年に生まれた女性たちの手と足を「1・9・4・7」というシリーズに収める。きっかけは、「四〇年間の時間を撮りたい」と思ったこと。独身の自分を差別してきた主婦を撮影したい、という気持ちもあった。石内は法的な結婚をせず子どもも産んでいない。しかし、女性は誰でも結婚して子どもを産み育てるものと思われていた昭和後期、少数派の独身女性や子どもを産まない女性は白眼視されていた。石内が差別に対して敏感だったのは、自身の生い立ちもかかわっている。

生まれたのは母親の地元、群馬県桐生市。小学校に上がる年に、出稼ぎに出ていた父に呼び寄せられて家族で横須賀に移り住む。六畳一間の部屋は、犯罪者や駆け落ちしてきたカップルなどが住む一角にあった。よそ者を差別する視線にさらされる少女時代だった。

「1・9・4・7」の被写体には仕事を持つ女性もいたが、多数が主婦だった。しかし彼女たちは、ずっと石内の訪問を待っていたかのように歓待してくれた。撮影を楽しんでくれた同い年の主婦たちと過ごし、二〇〜三〇代の気負いが抜けていく。

一方で、「主人がダメと言っている」と断ってくる女性もいて、ふだん人の目にさらされない足の裏を撮る性的な意味合いや、夫の庇護のもとで暮らす女性の不自由さも知ったという。

傷がある女性の体を撮った「INNOCENCE」は、男性の手と足も撮ろうと思い立って始めたシリーズが、「撮り始めたら全然面白くなくて、写真にならない。男の人はちゃんと手と足を使っていない」と気づいたことから発展し、生まれた作品である。もともと石内が手と足を撮ろうと思ったのは、体の末端にあって、その人が生きてきた時間が溜まっているはずと考えたからだ。女性の手と足には感じた歳月が、男性のものからは感じられなかった。

撮り方を模索するうちに傷を持つ男性と出会い、やけどや事故、手術跡など傷に過去を伝える物語があることを知って、「Scars」というシリーズにまとめる。石内自身も小学校二年生のときに盲腸の手術をして受けた傷を持っていた。やがて女性の傷跡も撮るようになり、気づいたことがあった。

「男も女も傷を受けるのは一緒なんだけど、その後の社会的な意味合いが違う。男は刀傷として褒められるイメージがある。でも、「キズモノ」という言葉があるように、女の人の傷跡は勲章じゃないいんだよ。一番大変なのは赤ちゃんのときに受けた傷。そういう傷を持つ人は、母親と絶対何かあるじゃない。女性の傷は重い」

傷をカメラの前にさらすことを決意した女性は、モノクロ写真という被写体を抽象化するメディアに表れた自分の傷跡を見て、それが別の何かに昇華されたような体験をする。私は「INNOCENCE」の被写体になった女性から、「すべて受け止めてもらえるような時間だった」と聞いたことがある。石内は「傷を受けたということは、生き残ったという意味だ」とよく語っている。撮っているのは命かもしれない。

社会的な弱者の女性という存在を、傷を持った体で象徴させたシリーズは、「傷を持っている女の人たちの思いが集結したシリーズ。自分の女性性が非常に明快に出ているかもしれない」と語る石内自身にとっても、特別な意味を持っていた。それは、若い頃にかかわったものの、「ひよって」袂(たもと)を分かったウーマン・リブへ負い目を抱えてきた石内が、自分なりの答えを出した作品でもあった。

学生運動に参加して

石内は大学時代、学生運動にかかわっていた。彼女が大学へ進学できたのは、両親が会社を興して成功したからだ。両親は横浜市に家を建てる。大学出の父が娘の大学入学を当然視していたおかげで、石内は一浪して一九六六(昭和四一)年に多摩美術大学デザイン科に入学。高校時代から映画館に通い詰めて感想ノートまでつくっていた彼女は、二年生のときに映画研究会に入る。

やがてこの大学に学生運動の嵐が吹き寄せる。学費値上げ反対や移転反対などを掲げた闘争で、学生たちは本部、講堂、新館を占拠する。石内は映画研究会と演劇研究会が中心になって組織した美共闘のメンバーの一人として、新館にいた。

通常の授業は成立しないので、バリケード内で学生たちは自主授業を行う。二年生から織科に転向していた石内も、自分の織り機を持って入っていた。学校に泊まる日もあり、食堂を使ったまかないづくりにも精を出した。学生運動は生活でもあった。

東大の安田講堂が陥落した一九六九年一月ののちも、多摩美術大学での闘争は続く。よその大学では次々と学生側がおちていき、さまざまなセクトの旗が校舎にぶら下がるようになった。しかし一〇月、ついに機動隊が入って都内最後の拠点も陥落する。石内は大学に所属する意味を見失い、一九七〇年に中退する。織りかけの布地を引っ掛けたまま、織り機は実家の押入れにしまわれた。

石内が学生運動に参加したのは、当時の雰囲気がバリケードの中に入るか入らないかの二択しかなかったからで、入るほうを選んだのである。大学に入って「自分が積極的にならないと何も返ってこない」ことを実感し、学生運動家たちが掲げるように社会を変革するには、まず「今の自分を変えて新しい人間になりたい」と考えたことも動機の一つだ。

女性運動を始めたのは、学生運動では女性が、ビラにするガリ版を切る、立て看板の文字を書くといったわき役に過ぎないことに違和感を覚えたからだった。同じ大学の女性と三人で「思想集団Ｓ（エス）・Ｅ（イー）・Ｘ（エックス）」という性について考えるグループを立ち上げ、同時発生的にウーマン・リブ運動を始めていた田中美津らにも連帯を求めて会いに行った。

しかし、男性を敵視する彼女たちの考えに違和感を覚える。「男は別に敵とかじゃなくて、違うところに住んでいる人間という意識があって、逆に女性のほうが差別感があると思っていた」と明かす。その思いは、横須賀でよそ者として差別されたことや、父方の親せきが仕事を持つ母を差別していたなどの実感から来ていた。

結局、石内は決別状を出してグループを抜けた。メンバーの一人は、初来日したモナリザにスプレーをかけようとする事件を起こして報道された。しかしその後二人の仲間のうち一人は石内の作品のモデルをつとめている。

母と向き合う

石内が次に撮ったのは母である。母はてんぷらを揚げている最中にやけどし、自分の皮膚を移植した大きな傷を抱えていた。「Scars」の一環として撮ったのは、二〇〇〇（平成一二）年三月、母の誕生日だった。その作品は、川崎市岡本太郎美術館で同年九月から開催される「その日に――5年後、77年後　震災・記憶・芸術」展に出品。

しかし一緒に観に行くはずだった日、母は背中の強い痛みを訴えて入院する。輸血が原因のC型肝炎から、肝臓がんを発症していた。一九一六（大正五）年生まれの母はがまん強く無口な人で、痛みをなかなか訴えず薬もあまり飲まなかった。

入院したときは末期で、「もって三カ月、悪くて一カ月」という医者の宣告をまるでドラマのようだと受け止める。もともと石内は、母と折り合いが悪かった。一〇代の頃は、きちんとしつけようと試みる母に反発した。仕事で家計を支えているにもかかわらず、夫の後ろに控える母が、理解できなかったと石内は語っている。

石内がお父さん子だったことも、確執の原因だった。しかし父が亡くなって五年。わだかまりが解け、ようやく話ができるようになってきたところだった。

石内都という作家名は、母の結婚前の名前を使っている。初めて参加したグループ展に際し、本名と違う名前でデビューしようと考案した中で、唯一実際にあって説得力を持っていたことから使い始め、現在に至る。

母が遺した下着や口紅などを撮り始めたのは、思いがけないほどの喪失感を覚えていたことに加え、母の名前を使う以上きちんと向き合おう、と思ったからだった。

「Mother's」と題した作品は、たくさんの出会いを生む。ヴェネチア・ビエンナーレ日本館のキュレーターが、フェミニストの視点で仕事してきた笠原美智子になり、石内の個展を企画。展が東京都写真美術館で開かれた。そこで作品を観た編集者の依頼で、石内の名を国内でも有名にする「ひろしま」の撮影が始まる。その後、遺されたものの撮影依頼が舞い込むようになる。

「Mother's」を中心にした展覧会には、約一三万人が来場。[注17]翌年、笠原のキュレーションで凱旋

「Mother's」は、観る人に母を思い出させ特別な感慨をもたらす。展覧会場にいると、石内にたくさんの人が話しかけてくるという。母と確執を抱える人は世界中にいるのだ。

二〇〇八（平成二〇）年に目黒区美術館で開かれた『ひろしま／ヨコスカ』展に際し、私が『写真年鑑2009』（日本カメラ社）で行ったインタビューで、石内は最初に撮影した母の二三歳のポートレートについて「23歳はまだ母じゃない。（中略）よく考えたら、これは見知らぬ女なんですよ。私がまだ生まれる前ですから」と語っている。作品化することで母との間に距離ができ、客観的に見つめられるようになったことが、関係を変えたのだ。

母との関係に問題を抱える女性は、当の母親が亡くなったのちも、心の中に住まわせた母親に

支配され続ける場合がある。石内の場合は生前の母から支配されていたわけではないかもしれないが、少なくとも死後に作品を通して対峙することで、客観的に母を見つめることができるようになり、新たな発見を続けるようになった。

石内の母は、桐生市の近隣にあった養蚕農家の五女として生まれた。家が没落して養女に出され、その家の番頭との結婚が決められていたことを知る。逃げ出して家に戻り、生計を立てるために当時の女性としては珍しく運転免許を取り、タクシー運転手となる。その後満州に行って結婚もするが、夫が戦地へ行ったことで帰国。その後、戦死の報を受ける。

地元に戻ってトラックの運転手をしていた母は、学徒動員で近くの飛行場に赴任してきた男性と一緒に暮らし始め、戦後妊娠して結婚。そこへ元夫が思いがけず生還したため、慰謝料を払って離婚した。その後、生まれた娘が石内である。

母は父の七歳年上だった。姉さん女房で仕事をする母は、常に父の後ろを歩き、父を立てることを忘れなかった。誇りを忘れず娘をしつけた。織物の町出身という誇りもあるからか、正月には必ず娘に着物を着せている。人への礼の尽くし方など石内からにじみ出る態度が、大切に育てられた女性のそれであるのは、母親のおかげと思われる。横須賀で「ここは仮住まいだからね」と言い聞かせた父の愛情にも、彼女は誇りを守られていた。

自立する女性に対する批判や陰口を身に受けた大正女性の母と、男女同権が憲法で認められた時代に生まれ、自由に生きる娘。時代の変化は速く、母と娘は異なる環境に接し異なる価値観を持つ。一番理解して欲しい相手なのにそれが叶わなければ、確執が生じてもしかたがないのかもしれない。

働く母を見て育ち、女性が仕事を持つことを当然と考えて、高校時代からデザイナーを志した少女。自立への道は一筋縄ではいかず、大学入学早々、デザインの道を断念もしている。しかし、その後も自分の足で立ち、自分の言葉で考え語る人生を選んで今がある。

写真家、映画監督たちの活躍

石内のキャリアには、「女性初」がついて回る。初個展で会場にいたときは、「ご主人はどちらですか」と聞かれた。ヴェネチア・ビエンナーレも、日本の写真家の女性として初個展。ハッセルブラッド国際写真賞も日本女性初だ。彼女の後、たくさんの女性が活躍している。

石内が最初に受賞したのは、第四回木村伊兵衛写真賞で、もちろん女性初である。朝日新聞社主催の賞は長らく、女性の受賞がほとんどなかった。しかし二〇〇〇（平成一二）年度に蜷川実花、長島有里枝、HIROMIXの三人が受賞した後は、男性と同じ程度の受賞者数を輩出していく。

一九七三（昭和四八）年生まれの長島有里枝は、一九九三年にパルコが主催する現代美術の公募展「東京アーバナート#2」でパルコ賞を受賞してデビュー。ヌードを含むセルフポートレートで、女子高生を性の対象ととらえ消費する現象を批判した『YURIE NAGASHIMA』（風雅書房、一九九五年）、希薄化する家族の関係性を批判的にとらえた『家族――長島有里枝写真集』（光琳社出版、一九九八年）などで同世代の支持を集めた。しかし、男性週刊誌などからは当時、スキャンダラスな扱いを受けている。

息子が幼かった頃、よみがえってきた記憶をもとに、家族とその日常について「物語として」

書いた『背中の記憶』（講談社、二〇〇九年）も出版。第二六回講談社エッセイ賞を受賞している。

身近な人との関係性やアイデンティティの問題をテーマに作品を発表してきたが、近年は植物や全盲の人との対話から着想を得た点字の写真など、被写体も、捉える世界も広がっている。二〇一七年に東京都写真美術館で個展を開くなど、幅広く活躍している。

一九九六年に第七回「写真『ひとつぼ展』」グランプリと第一三回キヤノン写真新世紀優秀賞を受賞した蜷川実花は、カラフルな色使いの作品に特徴がある。造花も含めた美しい花々、派手な装飾を施した有名人ポートレート、毒々しさも含む「noir」、鑑賞するために改良された金魚、哀感を含んだ桜などのシリーズがある。

雑誌やアイドル写真集の撮影などを引き受けるほか、自身の作品集を精力的に発表。二〇一六年から『ＡＥＲＡ』の表紙も担当し、二〇二〇年東京オリンピック・パラリンピック競技大会組織委員会理事を務めるなど、幅広い分野で活躍している。一九七二年生まれ。

父は演出家の蜷川幸雄、母はキルト作家の真山知子。表現者たちに囲まれて育ち、自然な流れとして表現者をめざした。「女性として」の意見を求められてきたが、本人は「蜷川幸雄を超えることが最大の関心事で、それで精いっぱいだった」ことを語る。[注18]

その努力の成果あって、若い女性を中心に多くのファンの心をつかむ。二〇〇八年に開催した東京オペラシティアートギャラリーでの個展は過去最高の六万人以上を動員し、その後全国を巡回した。蜷川の作品が人をひきつけるのは、美しくカラフルな作品が、社会批判の毒も含んでいるからだろう。

映画監督も務める。二〇〇七年には安野モヨコ原作の『さくらん』で、吉原を舞台に女の哀しみを描いた後、二〇一二年には一九九〇年代に一世を風靡した漫画家、岡崎京子原作の『ヘルタースケルター』を監督。整形手術をくり返しやがて失踪するモデルを主役に、徹底的に表層的な美にこだわって華やかな世界の裏側を描いた。二〇一九年には平山夢明原作の『ダイナー』を公開。「殺し屋専用」の食堂を舞台にしている。

一九九〇年代後半は、彼女たちのような二〇代の女性写真家が一斉に活躍をはじめ、「女の子写真」と揶揄を含む表現をされつつ注目を集めた。家族や友人など身近な人たちや、日常をとらえたスナップなどがその特徴とされる。

女性の写真家だからとひとくくりにはできないが、当時脚光を浴びた彼女たちにとって切実な問題は、遠い外国でも広い社会でもなく、身近な環境にあった。彼女たちを守るのも抑圧するのも、すぐそばにいる家族であり、恋人や友人たちだったからかもしれない。

蜷川が映画を撮り始めた二〇〇〇年代には、大勢の女性映画監督が活躍し始めている。

『さくらん』で脚本を書いたタナダユキは、一九七五年生まれ。二〇〇一年にぴあフィルムフェスティバルアワードでグランプリを受賞。二〇〇七年公開の『赤い文化住宅の初子』は、母を亡くし、父が蒸発して、兄と二人で暮らす中学生。兄はすぐ風俗にお金を使う。『赤毛のアン』が大嫌いな少女は、追い詰められた生活の中で恋をし変わり始める。日本映画監督協会新人賞を受賞した二〇〇八年の『百万円と苦虫女』は、職を転々とする女性を、批判的に描いた作品である。厳しい境遇に陥る女性たちを厳しく、温かく見つめる監督の目は、彼女たちを取り巻く社会にも向けられている。

二〇〇六年に、『かもめ食堂』で注目を集めた荻上直子も、ぴあフィルムフェスティバルでデビュー。一九七二年生まれ。癒しが求められた二〇〇〇年代に、ゆったりとした時間が流れる外国や島を舞台に女性たちを描いた作品群は、「癒し系」と評価された。しかし、二〇一七年公開の『彼らが本気で編むときは、』で性同一障害者を主役に据え、社会風刺の要素をくっきりと打ち出し始めた。

一九七四年生まれの西川美和は、是枝裕和のもとで修業した。長編二作目の『ゆれる』(二〇〇六年)がカンヌ国際映画祭に招待されており、緊張感のある映像表現や文学性の高いストーリーが高い評価を受けている。

一九九七年に『萌の朱雀』で、カンヌ国際映画祭でカメラ・ドール賞を史上最年少で受賞して以来注目を集めるのが、生まれ故郷の奈良を拠点に活動する、一九六九年生まれの河瀬直美である。二〇〇七年には『殯(もがり)の森』でカンヌ国際映画祭のグランプリを受賞。二〇二〇年東京オリンピックでは、公式記録映画の監督を務める予定だ。自身の女性性を強く打ち出した作品は、賛否両論がある。

女性の表現者たちが拓いた世界

男性社会だった写真や映画の世界で、二一世紀になって女性の活躍が目立つ。それは、一九八四年から映画製作に資金援助を行う「PFFスカラシップ」を始めたぴあフィルムフェスティバルに加え、一九九〇年代に写真新世紀、「写真『ひとつぼ』展」など公募の登竜門が登場し、実力を問うチャンスが広がったこと。女性が働く時代になり、社会が変わってきたことも大きい。

ここに挙げた女性たちのほとんどは、一九七〇年代生まれである。彼女たちは、第二次フェミニズム・ムーブメントの時代に生まれ、第三次ムーブメントのときに多感な年頃を過ごした。女性だからといって自分の可能性をあきらめなかった世代の女性たちがそれぞれ努力を続けていたところへ、時代の追い風が吹いたのである。

ほとんどが男性による表現だった映像の世界で、特に二〇〇〇年以降、女性による表現がふえ始めた意義は大きい。それは今までの「当たり前」の表現方法を疑う余地を広げ、今までなかった対象や感情表現、ストーリー展開、映像スタイルを世に送り出すことだからである。そしてその表現者が複数現れたことによって、女性だからといって一括りにできるわけではなく、多彩な才能と視点があることも明確になった。

もちろん、表現の分野をめざす女性たちにとっても、先達がいる意味は大きい。活躍する先輩がいれば、女性にも門戸は開かれていると思えるからだ。女性がデビューすることは難しい時代が続いていた小説の分野でも、コンスタントに女性が登場してきたし、少女マンガの世界でも女性は活躍してきた。それは、樋口一葉や、「二四年組」と言われた萩尾望都、竹宮恵子、大島弓子などの先駆者が、次の世代の目標になってきたことも大きいと考えられる。

視覚表現は、太古の昔から人が行ってきたもので、観る人の感情に訴えかける力が大きい。女性の写真家、映画監督の表現は、多くの女性や男性の心に届いて、気づかなかった感情を発見させ、知らなかった世界を知ることに役立つ。そして、観る人たちの人生に、そして社会に影響を及ぼしていくのではないだろうか。

フェミニズム小説の誕生

韓国生まれのベストセラー

文学の世界では、フェミニズム小説と銘打って出され、ミリオンセラーを記録する女性作家の作品が次々と誕生している。

一つ目は、出版不況の韓国で一〇〇万部を超えるベストセラーになった小説『82年生まれ、キム・ジヨン』（チョ・ナムジュ、民音社、二〇一六年）である。台湾、タイで翻訳され、一八カ国で出版準備が進められている作品の日本語版は、二〇一八年一二月に筑摩書房から発売された。翻訳は斎藤真理子。

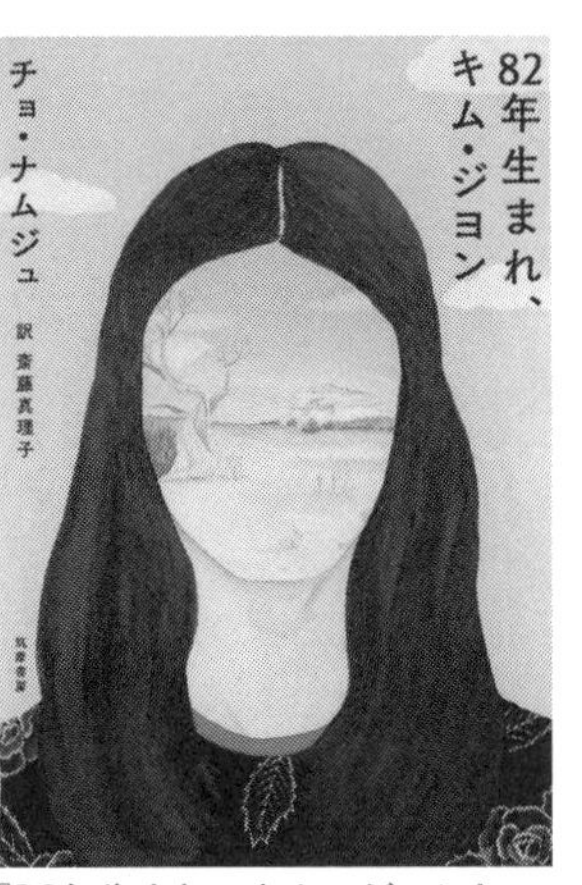

『82年生まれ、キム・ジヨン』

主人公のキム・ジヨンは、一九八二年にソウルで生まれ、五歳下の弟が優遇される六人家族で育つ。父は公務員、母は内職をして家計を支える。小学校でも男子の出席番号が先で、給食も男子が先に食べる。中学校では、女子にだけ厳しい校則を体験し、高校生になって活動範囲が広がると、痴漢がひんぱんに出没する環境にさらされ、ストーカーにも迫られる。

ソウルの大学の人文学部で学んだジヨンは、就職差別を受ける。何とか中堅の広告会社に入るも、給料は男性より低く、男性の同期が抜擢されるプロジェクトからも外され、めんどうな取引先ばかりを任される。

三〇歳でＩＴ関係の会社で働く男性と恋愛結婚。帰省先は釜山にある夫の実家が優先され、年中行事のご馳走はすべて手づくりしたい姑を手伝って、料理に明け暮れ疲労困憊する。両方の親族からせっつかれ娘を出産。妊娠中、夫と出産後の生活について話し合い、自分が退職して育児に専念するしかないという結論が出ると、「手伝う」と言う夫に彼女は怒る。

「その「手伝う」っての、ちょっとやめてくれる？　家事も手伝う、子育ても手伝う、私が働くのも手伝うって、何よそれ。この家はあなたの家でしょ？　あなたの家事でしょ？　子どもだってあなたの子じゃないの？　それに、私が働いたらそのお金は私一人で使うとでも思ってんの？　どうして他人に施しをするみたいな言い方するの？」

やがて、ジヨンは自分の母親や大学の先輩など、他の人が憑依したような言動をするようになり、精神病院に通い始める。本人に自覚症状はない。

等身大の現代女性を描いた小説は、韓国で大きな反響を呼ぶ。著者は、朝日新聞二〇一八年一二月一四日のロングインタビューで「ジヨンの体験が、まるで自分のことのようだ、という女性の声がたくさん寄せられています」と語る。

同書の「訳者あとがき」によると、男性の反応は大きく二手に分かれた。娘を持つ父親が、「娘が同じ経験をしてはかわいそうだから、そうならないために私たちが何をすればいいのか考えるようになった」と言ったほか、国会議員全員に手紙とともに本を配った男性国会議員もいる。

一方で、Ｋポップ歌手の女性が読んだと発言したところ、一部の男性ファンが一斉に反発する事態も起きている。

二〇一九年二月、著者の来日記者会見で、訳者の斎藤真理子は日本では「泣いた」という読者が多いと話し、「#MeToo運動はハリウッドやバリキャリ女性の問題で、自分には遠いと思っていた。でも、小説を読んで自分が経験したあれもこれも、社会問題の一つと初めて気がついた」という読者の声を紹介している。

同書に収録された韓国在住のフリーライター、伊東順子の「解説」によれば、ベストセラーになった背景には、二〇一六年の発売直後に韓国で起きた「江南駅通り魔事件」がある。ソウルの繁華街にある駅付近の商業ビルのトイレで、二三歳の女性が通りすがりの男性に殺されたのだ。

追悼の声はＳＮＳを介して全国に広がり、江南駅には三万五〇〇〇枚以上のポストイットが貼られた。警察は精神病患者による事件と結論づけたが、市民たちは「女性嫌悪（ミソジニー）を基盤にした殺人」と命名する。[注19] 日常的に利用される空間で起こったことで、事件は多くの女性たちに「自分が被害者であってもおかしくない」と恐怖を体感させたのである。

この事件により韓国で広く認知された「ミソジニー」とは、女性や女性性に対する嫌悪のことで、簡単に言えば「女のくせに」とつけられる思いや言葉である。女性が女性に対して抱く場合もある。嫌悪する人のことは、ミソジニストと呼ぶ。

韓国では#MeToo運動も盛んだ。「解説」によれば、「韓国では権力の中枢である検察から始まった。その後に芸能界、政界、大学、映画、演劇、文学等、韓国社会のあらゆる分野を巻き込んだ。次期大統領候補は政治生命を断たれ、人気の俳優は自ら命を絶った。ノーベル文学賞候補とも言われた詩人の作品は教科書から削除された、だけじゃない。それ以外にも、多くの人々が告発を恐れて活動を停止したり、発言を控えるようになった」。

著者のチョ・ナムジュは、一九七八年ソウル生まれだ。韓国でトップクラスの梨花女子大学社会学科を卒業後、フリーの放送作家として時事・教養プログラムを担当。二〇一一年に小説家としてデビューしている。小説を書き始めたのは、出産で放送作家の仕事を断念したことがきっかけである。

キム・ジヨンという名前が一九八二年生まれの女性に最も多いことから、主人公の名前に選んだ著者は、小説に登場する女性すべてにフルネームをつける一方で、ジヨンの夫以外のすべての男性から名前をはく奪する、というしかけも施している。その理由について、チョは先の朝日新聞のインタビューで次のように語る。

「韓国の女性は、常に周縁の存在でした。結婚前は「誰々の娘」であり、結婚すると「誰々の妻」になる。子どもが生まれれば「〇〇ちゃんのお母さん」です。逆に男性の名前をすべて消してしまうとどうなるのか。その不自然さがはっきり見えると思ったのです」

名前は個人をほかの人と区別する役割を持つ。だから名前を奪えば、その人は取り換えがきく存在におとしめられる。誰でもいい「父」、誰でも構わない「弟」、誰だかわからない同僚や恋人が、たくさん登場する。その「誰でもよい」という視線を、韓国の女性たちは浴びてきた。それは社会的役割を持つ名字をはく奪されてきた、日本人女性の苦しみに通じている。

同作は映画化が決定。台湾ではベストセラーとなったほか、日本語版は、発売四カ月で翻訳小説としては異例の一三万部を突破している。

フェミニスト映画人のデビュー小説

フランスで二〇一七年に出版されて一〇〇万部を超え、やはり映画化が決定している作品が、『三つ編み』（レティシア・コロンバニ、齋藤可津子訳、早川書房、二〇一九年）である。三二言語での翻訳も決まっている。

著者のコロンバニは同作が小説処女作。もともと俳優で、映画監督でもあり、日本ではオドレイ・トトゥ主演の『愛してる、愛してない…』が二〇〇三年に公開されている。『三つ編み』の映画も、コロンバニ自身がメガホンを取る。

この作品では、インドの不可触民のスミタ、イタリア・シチリアのかつら工場で働くジュリア、カナダ・モントリオールの弁護士、サラの三人の物語が交互に進む。

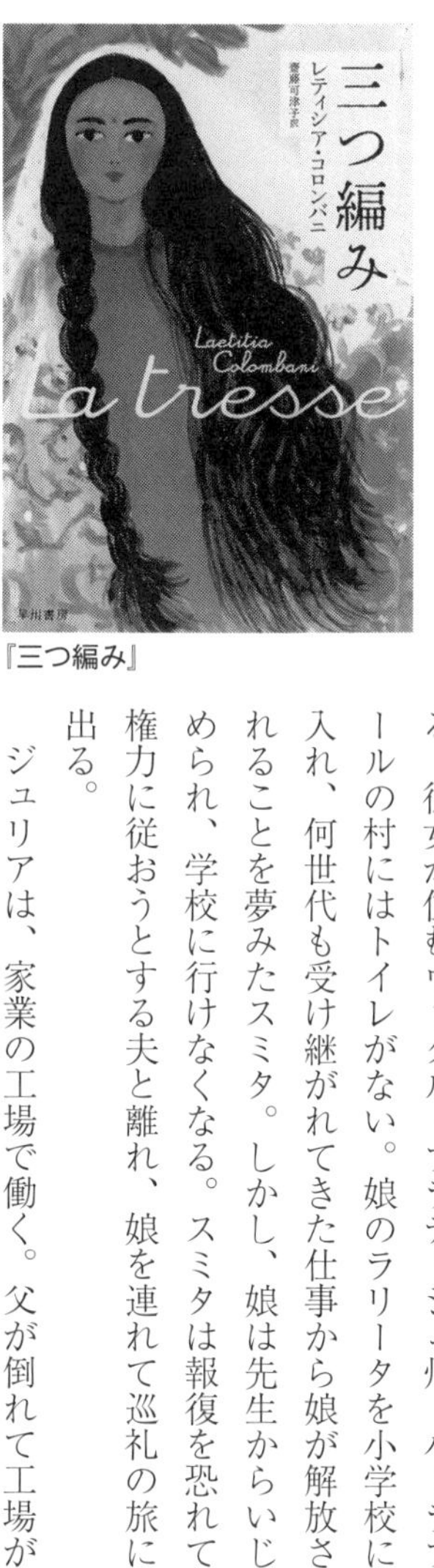

『三つ編み』

学校に行けなかったスミタは、スカヴェンジャーと言われる、排泄物を回収する仕事をしている。彼女が住むウッタル・プラデーシュ州、バドラプールの村にはトイレがない。娘のラリータを小学校に入れ、何世代も受け継がれてきた仕事から娘が解放されることを夢みたスミタ。しかし、娘は先生からいじめられ、学校に行けなくなる。スミタは報復を恐れて権力に従おうとする夫と離れ、娘を連れて巡礼の旅に出る。

ジュリアは、家業の工場で働く。父が倒れて工場が倒産の危機にあることを知り、畳むか続けるか決断を迫られる。母は工場を畳んで、ジュリアが村の有力者と結婚して家族を経済的に支えることを望む。しかし、ジュリアは彼に興味がないし、恋人のカマルもいる。カマルはインドから来た難民で、女性と男性が同等の魂を持つとみなすシク教徒だ。ジュリアはカマルのアドバイスに従って、インドから上質な髪の毛を輸入して工場を立て直そうと考える。

サラは二人の子どもを育てるシングルマザー。法律事務所でガラスの天井を「爆破、粉砕」して仕事に邁進した結果、次期マネージング・パートナーと噂されている。その結果、結婚は二度も破綻し、子どもたちと過ごすイベントもたくさん断念している。そんなサラのキャリアは、ガンが発覚したことで暗転する。目をかけていた後輩女性と病院でばったり会ったことがきっかけで、仕事を干され始めるのだ。

かけ離れた環境で、崖っぷちに追いやられた三人の人生は物語の終盤、思いがけず三つ編みのように絡まっていく。

女嫌いと闘う

フェミニストを公言するコロンバニは、三人に異なる境遇と役割を与え、女性差別が世界のどの国・地域でも大きな問題であることを明らかにする。世界経済フォーラムが発表する二〇一八年のジェンダーギャップ指数では、カナダは一六位、イタリアは七〇位、インドは一〇八位である。

スミタは社会の最底辺にいる。インドの不可触民はカースト制度で最も地位が低く、女性の彼女は二重に差別されている。しかし物語の序盤、スミタ自身は運がいいと思っている。なぜなら夫に「怒鳴られたことも、殴られたこともない」し、生まれた子が女だったのに、殺さないで家に置くことに賛成してくれたからだ。あまりにもささやかな幸せに感謝していたのは、スミタの父が「妻は夫と対等ではない、夫の持ち物だ。夫の所有物、奴隷だ」とよく言っていたからだ。

男女平等が進んだカナダのサラは、子どもが生まれた後、男性との立場の違いを痛感する。娘を置いて仕事に出かける際、「引き裂かれる思いがしても、誰にも打ち明けられなかった。同時に、夫の軽さを羨んだ。不思議なことに、こんな感情とは無縁に見える男たちのあの驚くべき身軽さはどうだろう。憎らしいほど気楽に家を出ていく」と感じていた。なぜ女性だけが、子どもと離れて働くことに罪悪感を抱くのだろう。

サラはこれまで、家庭の事情が仕事に影響しないよう、細心の注意を払ってきた。職場で子どもの話をせず、写真も置かなかった。妊娠が発覚して降格になった同僚の例から学び、二回の妊娠は職場に知らせなかった。

経営者の娘であるジュリアが差別に直面するのは、工場の危機がわかってからだ。打算による結婚は嫌だと言っても、そういう人は多いと母は説得にかかる。インドから毛髪を輸入しようという提案にも、島内で原料を調達してきた伝統を盾にとる母、イタリア人は輸入された髪など欲しがらないと強弁する姉の抵抗に遭う。

このように、同作は単純な男女対立を描かない。ジュリアの敵は男性ではなく、現状を変えたがらない身内の女性たちで、彼女たちはミソジニストだ。サラが失脚するきっかけをつくるのも、女性の後輩である。

その理由を、コロンバニは私が行ったインタビュー[注20]の際、「フェミニズムは人道主義」と前置きして次のように語った。「誰でもフェミニストになれるのです。なぜなら、男性にも母親がいて、娘を得ることもある。姉妹がいる場合もある」。そして、男女にかかわりなく公正を求める闘いに参加すべきだと話した。

コロンバニが、フェミニストとしての発言に力を入れ始めたきっかけは、娘が生まれたことだ。フランスは子育てしやすい国として知られ、二〇一八年は低下傾向とはいえ合計特殊出生率が一・八七もある。二〇一八年のジェンダーギャップ指数も一二位とカナダより高い。婚姻届けを出さなくてもパートナーとして契約を結べるPACSという制度もある。婚外子差別もないので、eurostatデータベース2016年によると、婚外子の割合は六割近くもある。

日本から見れば夢のような境遇だが、コロンバニは「フランスももちろん、平等とはほど遠いです。例えば映画業界では、監督としても俳優としても、男性と同じ給料を得ることはできません。また、女性に対してたくさんの暴力が行われています」と話す。

そういえば二〇一二年九月二八日と二九日の二日間にわたってNHK　BS1で放送された番組『ワーク・ラブ・バランス　～世界のアラフォー10人の物語～』で、妊娠中に解雇通告を受けたフランス人女性が登場していた。フランスですら、差別は残っているのだ。

日本のフェミニズム作品

日本でも、川上未映子や角田光代、川上弘美、村田沙耶香をはじめ、女性の生きづらさやフェミニズム的視点の作品を出す小説家はいる。「韓国・フェミニズム・日本」特集をした『文藝』

（河出書房新社）二〇一九年秋号は三刷にもなった。また、同年六月に出た柴崎友香の『待ち遠しい』（毎日新聞出版）は、世代の異なる三人の女性の交流を通して、それぞれが女性として受ける抑圧を描き、「この話をネタに女子会が開ける」と反響を呼んでいる。

しかしまだ、ミリオンセラーになるほど影響力を持つ小説は今のところ出ていない。マンガ大国の日本では、何十年と女性に寄り添ってきた少女マンガに、どうやら一日の長がある。

少女マンガは、小説がなかなか書かなかった母娘問題にも早くから取り組んでいる。『銀曜日のおとぎばなし』（萩岩睦美、集英社『りぼん』で連載、一九八三〜八四年）や、大ヒットした『ホットロード』（紡木たく、集英社『別冊マーガレット』で連載、一九八六〜八七年）など、私が集英社のマンガ雑誌にハマった一九八〇年代には、正面からこの問題を取り上げた作品が何作もあった。少女マンガには、離婚や再婚によるシングルペアレントやステップファミリー内の関係性、LGBT、職場での性差別といった、女性が直面するありとあらゆる問題と向き合ってきた蓄積がある。

だから小説より先に、はっきりとフェミニズム作品と打ち出す少女マンガが登場したのも、当然と言えるだろう。二〇一八年、『りぼん』九月号からスタートしたその連載は『さよならミニスカート』（牧野あおい）だ。二〇一九年八月現在、単行本は二巻まで出ている。

集英社のWEBサイトで編集長が「この連載は、何があろうと、続けていきます。あなたに届けるために」と宣言文を出した異例の作品は、SNSで大反響を呼び、単行本の初版部数一〇万部以上を記録。NHKの情報番組『あさイチ』ほか数多くのメディアに取り上げられた。二〇一九年三月一六日の朝日新聞記事には、「普段から、女の子たちが生きるのに「もっとこうだったらいいのにな」と考えることがあるので、それが自然に漫画に出てきたんだと思います」という著者のコメントも掲載されている。

『さよならミニスカート』の行方

同作の主役は、高校一年生の神山仁那(にな)。かつて雨宮花恋(かれん)の名前で、五人組アイドルグループ「PURE CLUB」に所属していたが、握手会で腕を切りつけられる事件に遭いアイドルを辞めている。

家族から離れて一人でマンションに住み、過去を隠して高校へ通う仁那は心にも深い傷を負っていた。髪をバッサリ切り、制服のスカートも履かず、男子生徒と同じ制服スラックスを着用している。やがて一部の生徒たちに過去が知られ、犯人にも見つけられてしまう。

事件によるトラウマから男子に怖れを抱く仁那も、柔道部で同じクラスの堀内光を意識し始める。しかし彼のことは、男子に大人気の長栖未玖(ながすみく)も狙っていた。三角関係にストーカーが絡み、アイドルの立ち位置まで問いかける作品なのである。

一巻の帯に「このまんがに、無関心な女子はいても、無関係な女子はいない。」とある。女の子たちが、女の子というだけで受けるさまざまな差別や抑圧を同作は明らかにし、登場人物たちにはっきりと批判させている。

たとえば、女子のスカートが短いのは「男に媚を売るため」とからかう男子の沖田に、仁那が「スカートは　あんたらみたいな男のために履いてんじゃねえよ」と啖呵(たんか)を切る。

電車の中で痴漢行為を受ける同級生の辻ちゃんを目撃した仁那は、「大したことじゃない」と逃げようとする彼女に、「辻さんの世界を　そんな風にした奴が許せない」と怒る。心を動かされた辻ちゃんは、勇気を出して「あの人　痴漢ですっ‼」と声を上げる。

恋のライバルの未玖は、痴漢に太ももを触られても大したことはないと笑い飛ばし、自分がストーキングされている可能性が明らかになっても、「気のせいかもしれないんだって　みんな大ゲサだよぉ〜」とやり過ごす。しかし、彼女を邪魔に思う仁那のストーカーから、性的暴行を受けてしまう。

ハロウィンの仮装大会についての学級会で、男子に媚びる未玖の態度に女子たちは不満をブツブツ言う。それを聞きとがめた沖田は、「マジで女子って陰湿だよな！」「ちょっとは男のサッパリ感見習えよな〜〜っ」とひやかす。再び立ち上がる仁那より、辻ちゃんのほうが一歩早かった。沖田に平手打ちを食らわし、「お前みたいなのがいるから　女子が陰湿になるんだ　陰湿にさせられてるんだ　もう…遊ばないで　私たちで遊ばないで」と啖呵を切る。辻ちゃんは、未玖が襲われたことを知って口止めされていた。

『さよならミニスカート』

しかし未玖はたやすく軟化しない。辻ちゃんの助けも拒絶し、辻ちゃんから事情を聞いて駆けつけた仁那に対しても、「どうしてただの仮装大会がミスコンになったのかな　どうして男子の部活にだけ女子のマネージャーがいるのかな　どうして女の子のアイドルはみんな　30歳になる前に消えちゃうのかな　私は何も与えてやらない　この世界を利用して　奪う側に立ってるだけよ」と虚勢を張る。

仁那が抱えるトラウマも根が深く、またさらされている危険も深刻だが、未玖が抱えている闇も相当深い。

女子は女子というだけで、性的な視線にさらされ、そして被害者になると責められる。差別される側にいることで、男子からの人気度でヒエラルキーができ、互いに分断されている。未玖のように保護してくれるか、攻撃するかわからない男子に気に入られなければ、生きていけないと考える女子もいる。マイナスの循環を断ち切り、社会を変えることはできるのか。仁那が学校で始めた女子たちだ。自分たちの地位を上げようと闘う女子の足を引っ張るのは、ミソジニストの闘いは、おとなしかった辻ちゃん一人を変えることに成功したところだ。

日本のフェミニズムマンガが、陰惨で過酷な世界を描くのは、少女たちが置かれる現実社会が厳しいからだ。二〇一八年のジェンダーギャップ指数で日本は、インドより低い一一〇位なのだ。そんな世界で少女たちはもはや無垢ではいられず、自衛しなければ生き残れないのだろうか。

この作品の登場人物たちの啖呵から、何が正当な権利で、何が理不尽なことなのか学んだ少女たちは、逃げないで自分の主張を通すべく闘う人間に成長するかもしれない。

よくできた物語は、具体的なエピソードを積み重ね、読む人の感情に直接働きかける。韓国の一〇〇万人読者、フランスの一〇〇万人読者、そして日本の私たち。たくさんの人たちが声を上げ始めた今だからこそ必要とされた物語から力を得て、私たちは今こそ理不尽で不平等な社会を変えなければならない。

注13　在フランス日本国大使館HPによると「性別に関係なく、成年に達した二人の個人の間で、安定した持続的共同生活を営むために交わされる契約のこと」

注14　日経Biz Gate 2018年12月4日「ルミネ、資生堂…なぜ優良企業のCMが「炎上」するのか」（治部れんげ）より。

注15　内閣府経済社会総合研究所国民経済計算部が総務省「社会生活基本調査・2011（平成23）年版」をもとに推計したもの。2018年12月に発表された同部の「無償労働の貨幣評価」によると、年収は243・6万円相当となる。

注16　『日本のフェミニズム　since1886　性の戦い編』「売春防止法――性の搾取から女性を守りたい」（細金和子）より。

注17　『石内都　mother's』東京都写真美術館「ヴェネチア、一年後」（笠原美智子）より。第51回ヴェネチア・ビエンナーレ全体の来場者数は91万5000人、日本館入館者数は12万9602人。

注18　『写真年鑑2016』（公益社団法人日本写真協会、2016年）で筆者が行ったインタビューより。

注19　『世界』（岩波書店）2018年8月号「韓国『#MeToo革命』」（李娜榮、岡本有佳翻訳・構成）より。

注20　2019年6月7日配信の東洋経済オンライン記事。

主要参考文献

●声を上げる女性たち

『バッド・フェミニスト』ロクサーヌ・ゲイ、野中モモ訳、亜紀書房、2017年

『男も女もみんなフェミニストでなきゃ』チママンダ・ンゴズィ・アディーチェ、くぼたのぞみ訳、河出書房新社、2017年

『フェミニストたちの政治史：参政権、リブ、平等法』大嶽秀夫、東京大学出版会、2017年

『日本のフェミニズム　since1886　性の戦い編』北原みのり責任編集、河出書房新社、2017年

『母が重くてたまらない　墓守娘の嘆き』信田さよ子、春秋社、2008年

『母は娘の人生を支配する　なぜ「母殺し」は難しいのか』斎藤環、NHK出版、2008年

『母がしんどい』田房永子、KADOKAWA、2012年

●母を知らない娘　娘がわからない母

『毒になる親　一生苦しむ子供』スーザン・フォワード、玉置悟訳、講談社+α文庫、2001年

『母は娘の人生を支配する　なぜ「母殺し」は難しいのか』斎藤環、NHK出版、2008年

『母が重くてたまらない　墓守娘の嘆き』信田さよ子、春秋社、2008年

『親子という病』香山リカ、講談社現代新書、2008年

『子どもの脳を傷つける親たち』友田明美、NHK出版新書、2017年

『それすらも日々の果て』一条ゆかり、集英社文庫、1998年

『働き方の男女不平等　理論と実証分析』山口一男、日本経済新聞出版社、2017年

『母親はなぜ生きづらいか』香山リカ、講談社現代新書、2010年

『ワンオペ育児』藤田結子、毎日新聞出版、2017年

『子どもが育つ条件』柏木惠子、岩波新書、2008年

『日本奥地紀行』イザベラ・バード、高梨健吉訳、平凡社ライブラリー、2000年
『生徒諸君！』⑤庄司陽子、講談社漫画文庫、1996年
『性と法律―変わったこと、変えたいこと』角田由紀子、岩波新書、2013年

●母娘を取り巻く社会

『うちのご飯の60年　祖母・母・娘の食卓』阿古真理、筑摩書房、2009年
『集団就職　高度経済成長を支えた金の卵たち』澤宮優、弦書房、2017年
『岸辺のアルバム』山田太一、角川文庫、1982年
『妻たちの思秋期』斎藤茂男、共同通信社、1982年
『農家女性の戦後史　日本農業新聞「女の階段」の五十年』姉歯曉、こぶし書房、2018年
『母・娘・祖母が共存するために』信田さよ子、朝日新聞出版、2017年
『性と法律―変わったこと、変えたいこと』角田由紀子、岩波新書、2013年
『少女はセックスをどこで学ぶのか』宋美玄、徳間書店、2014年
『整理整頓　女子の人間関係』水島広子、サンクチュアリ出版、2014年

●変わり始めた女性たち

『お姫様とジェンダー　アニメで学ぶ男と女のジェンダー学入門』若桑みどり、ちくま新書、2003年
『砂の城』①〜④一条ゆかり、集英社文庫、1995〜1996年
『私の居場所はどこにあるの？』藤本由香里、朝日文庫、2008年
『近代家族のゆくえ　家族と愛情のパラドックス』山田昌弘、新曜社、1994年
『はいからさんが通る』④大和和紀、講談社漫画文庫、1995年
『キャンディ・キャンディ』⑤いがらしゆみこ、原作水木杏子、中公文庫コミック版、1995年
『ときめきトゥナイト』①〜⑯池野恋、集英社文庫、1999年

『ハッピー・マニア』①〜⑥安野モヨコ、祥伝社コミック文庫、2001〜02年
『のだめカンタービレ』①〜㉕二ノ宮知子、講談社、2002〜10年
『考えない台所』高木ゑみ、サンクチュアリ出版、2015年
『「家事のしすぎ」が日本を滅ぼす』佐光紀子、光文社新書、2017年
『料理は女の義務ですか』阿古真理、新潮新書、2017年
『逢沢りく』上下巻　ほしよりこ、文芸春秋、2014年
『そして父になる』是枝裕和、佐野晶、宝島社文庫、2013年
『あまちゃん　完全シナリオ集』第1部・第2部、宮藤官九郎、2013年
『ひろしま／ヨコスカ　石内都展』目黒区美術館図録、2008年
『石内都　肌理と写真』横浜美術館展覧会公式図録、求龍堂、2017年
『聞書き　遊廓成駒屋』神崎宣武、ちくま文庫、2017年
『日本のフェミニズム　since1886　性の戦い編』北原みのり責任編集、河出書房新社、2017年
『モノクローム』石内都、筑摩書房、1993年
『Mother's』石内都、蒼穹舎、2002年
『石内都　mother's』東京都写真美術館、2006年
『写真年鑑2009』日本カメラMOOK、日本カメラ社、2009年
『背中の記憶』長島有里枝、講談社文庫、2015年
『「ぴあ」の時代』掛尾良夫、キネ旬総研エンタメ叢書、2011年
『82年生まれ、キム・ジヨン』チョ・ナムジュ、斎藤真理子訳、筑摩書房、2018年
『三つ編み』レティシア・コロンバニ、齋藤可津子訳、早川書房、2019年
『さよならミニスカート』①〜②牧野あおい、集英社、2018〜19年

あとがき

この一〇年、食文化の本ばかり書いてきたが、本文にあるように、もともと私はフェミニストで、デビュー作も女性と社会の関係について労働問題からアプローチした『ルポ「まる子世代」』（集英社新書）である。また食文化も、特に家庭料理の分野は女性の問題と密接に結びついている。一度、女性の問題とされる社会の課題について、しっかりと考えてみたかった。

フェミニストになった人は、きっかけが差別や抑圧体験だった人が多いかもしれない。私の場合は母から拒絶されたことである。子どもにとって母親に認めてもらえないということは、社会から疎外されることを意味する。自分は周辺にいると自覚しつつ社会を見てきたことが、私を観察者として育てた。それでも、実際に生きる社会を客観的に分析することは難しい。

本書は一〇年越しの企画である。実をいうと二〇〇九年に刊行した『うちのご飯の60年』で、母を描く際に確執を禁じ手にしたことから、このテーマは生まれてきた。しかし、母問題を書かせてくれる出版社はなかなか見つからず、また自分自身の問題を相対化し、溜まった社会や母への怒りを制御しつつできるだけ公平に描くことも難しく、時間がかかってしまった。

私が大学で社会学や心理学を学び、社会人になってからも、主に社会学分野で独学の研究を続けた要因には、前提なしに善とされてきた母という存在を分析するためでもある。母には、私立中学に入れることを含め、私に教育のチャンスを与え続けてくれた、という意味では感謝している。しかし、求めるものが食い違う私と母は、生身で直接関わってもお互いに不幸になるだけだと思う。子は親を選んで生まれてくることはできないが、親も子を選べない。

私はあのまま母とつき合い続けていれば、今の自分はいなかったと思うし、この世に存在していたかどうかすら怪しい。しかし母との関係に悩む人にも多様性があり、「そうはいってもお母さんが好き」という人や「母に認めてもらいたい」と思う人もいるだろう。完全に断絶して消息も知らない人もいるだろう。ママハラに苦しんだ人たちは仲間かもしれないが、一枚岩ではない。

同様に、セクハラやパワハラに苦しむ人、女性同士の関係で苦しむ人も、千差万別の悩みを抱えているだろう。本書が、それらの決して一つにはくくれないが苦しんでいる人たちが、自分の問題を客観的にとらえるきっかけになればいいと願っている。

書き終えて、改めて日本がいかに女性に対して抑圧的な社会か気づかされた。フェミニズム・ムーブメントは起こっているが、いまだに女性は男性と同じ人間だと思われていないのかもしれないとも感じる。本書が、その思い込みを、少しでも変えるきっかけになればうれしい。

執筆にあたり、たくさんの人にお世話になった。エピソードを書かせてくれた石内都さん。いつも話を聞いてくれる友人たち。ときに迷走する私を、適切な道に戻してくれ、伴走してくれた編集の磯部知子さん。そして相談に乗り、励ましてくれた夫。皆さんの助けを借りて世に出た本が、悩める人たちの心に届きますように。

阿古　真理

阿古真理（あこ・まり）

作家。生活史研究家。1968年兵庫県生まれ。神戸女学院大学文学部総合文化学科（社会学）を卒業後、広告制作会社を経てフリーに。1999年より東京に拠点を移し、食や生活史、女性の生き方などをテーマに執筆。著書に『ルポ「まる子世代」　変化する社会と女性の生き方』（集英社新書）、『うちのご飯の60年　祖母・母・娘の食卓』『昭和の洋食　平成のカフェ飯　家庭料理の80年』『和食って何？』（以上、筑摩書房）、『小林カツ代と栗原はるみ　料理研究家とその時代』『料理は女の義務ですか』（以上、新潮新書）ほか。

母と娘はなぜ対立するのか
女性をとりまく家族と社会

2019年9月20日　初版第１刷発行

著　　者　阿古真理

発 行 者　喜入冬子

発 行 所　株式会社 筑摩書房
東京都台東区蔵前2-5-3　〒111-8755
電話番号　03-5687-2601（代表）

印刷・製本　中央精版印刷株式会社

ISBN 978-4-480-86467-3 C0036